巻頭言

――ヘーゲル哲学・論理学の中枢を問う

南郷継正

今回も、冒頭から強烈な説き方になる。

前号（第十九号）の「巻頭言――哲学者はヘーゲル哲学の理念的概念である「思弁」とは何か、「形而上学」とは何かを「哲学 学の体系」中の学的概念として問うべきである」の意義・意味を分かった哲学者は皆無ではなかろうか、と私は思う。

というのは、通常の哲学者との肩書きを少しも重荷と感じない御仁に、あるいは当然と自認している御仁（ヘーゲル哲学解説者も含め）はすべて（といえる程）、この二大概念を失念したまま、ヘーゲルを始めとするいわゆる大哲学者の哲学力なるものを論じるのが、哲学史上ですら「常態」だからである。

端的に説けば、ヘーゲル哲学の何事かを問う御仁は、哲学的にはどうでもよい事柄を研究論文だとして、それを「ヘーゲル研究の大事性」となそうとしているからである。それゆえ前号（第十九号）のここに関しては、今後一世紀もの「刻《トキ》」を経ても、私の弟子以外には、誰もが説く実力が育つことはないのでは、と危惧している。

その理由は、大多数の人々は、「思弁」とか、「形而上学」との問題提起をなしたこと自体、「一体どういうことだ、どうにもわけが分からない」と、当然ながら私の右の一文を大きく疑問に思うレベルの思惟力しか育てていないのでは……と、思うからである。加えて説けば、哲学的レベルの最低限である弁証法を用いる学的頭脳力は当然のこと、論理学的実力としての、論理的展開の可能な「思惟レベルでの考える実力」、すなわちヘーゲルの説く概念の労苦の底辺的論理能力すらも育てていないはず、と思えるからである。

そもそも、ヘーゲルの説く概念の労苦とは、概念を分かる努力のことではけっしてなく、哲学的レベルの学力をつけていくための論理構造を学的レベルでの用語である概念（せめてもの概念レベル化）として創出する学的努力のことである。

しかし、である。創刊号たる『学城』第一号の「巻頭言」に、「〝学問とは現実の世界の歴史性・体系性を観念的な論理性として体系化することである〟の文言を、名実ともに学問の世界の言葉にしたい」と説いておいたように、この文言こそが、「実際にはヘーゲルが終生の目標となしていたことであり、この達成のための第一義能力が思弁的論理能力であり、ここを頭脳活動として実力化していってこそ、初めて概念化の力（概念の労苦をなす力）が徐々についてくることになり、この後の究極的学的努力が実践でき始めて、ようやくにして、形而上学の体系的な枠組創出の土台が可能となってくるのである」、ことをあえて明言しておくべきだと思っている。ここを劇画レベルの表現でやさしく説いてみよう。

ヘーゲルは、簡単化すれば、この世界を、二重性として把握しようと努力していったことを銘記すべきである。その二重性とは以下である。まず、ヘーゲルは、現実の世界の生成発展の実態を「絶対精神の自己運動」と観念的に（観念論レベルで）把握し、その現実の世界の自己運動を、絶対精神の理念的・概念的発展形態として論理的な体系性として把捉していくことを、「学即ち哲学」の役割となしていったのである。

簡単には、絶対精神は、自然的絶対精神として運動（変転）し始め、その自然的運動で培った実力をもって社会的絶対精神の運動（変転）の原動力となしていき、究極的には、絶対精神は、本物の絶対精神としての精神の世界への運動（変転）をなしていくことによって、素としての絶対精神を自然・社会・精神の重層構造をもって、これまた重層性を重ねながらの絶対精神として充実していく、となしているのである。

ここを唯物論レベルで説けば、人類は、自らの過去としての大自然の論理的解明をふまえて、人類社会の発展段階たる原始共同体の生成から、オリエント社会への発展、ここから古代社会そして中世社会、現代社会へと発展し続けている現実の世界歴史的社会の実態を論理的・学的に解明していくなかで、そこで学び、修得しえた知見・学力たる弁証法・認識論・論理学を学的なレベルに同一性レベルで高めながら、直接的哲学すなわち学問の完成、つまり、自然、社会、精神を学的に体系化をなそうというのがヘーゲルの大志だったということである。

学的体系化とは、現代までの学界と称している御仁の研究によって集積総括された歴史自然的知見・歴史社会的知見・歴史精神的知見の集大成による総体を体系化ヨロシク並べたてたものでは絶対にない。すなわち、ヘーゲルは、総括化された知見の体系などではなく、概念の労苦によって自然・社会・精神的歴史的集大成的総括の実態を果たしながら、そこから、形而上学的実力の向上を、すなわち、論理的体系性を把持した現象→構造→本質の一般性を論理的枠組化しようと志していたということである。

『ヘーゲル哲学・論理学〔学の体系講義・新世紀編〕』（『全集』第三巻）で概略ながら説いたように、ヘーゲルは学問レベルでの哲学上の始祖だと本当にほめたたえられるべき存在だと私が評価する最大の理由は、以上の内実をふまえての、以下に説く三つである。

「一」に、学問は体系化しなければ学問の名に価しないと唱える実力を把持しえたこと、

「二」に、学問への端緒の第一義は「思弁」であるとの真の意義を、アリストテレスの偉大な学的業績の一つとしたこと、

「三」に、これが最も大事なことである。それは、哲学者の誰でも形而上学という文字あるいはその著作の名は挙げるものの、それらの誰一人としてその学的意義、学的真価を分かることのなかった「形而上学」という概念の創出を、ヘーゲルだけがアリストテレスの論文に発見し、その意義をしっかり認め始めたことである。

それらの概念成立の意義は冒頭から、強烈に説いた内容にある。端的には、これなくして学問の形成、特に哲学の体系的形成（形而上学的確立）はない、すなわち、学問としての哲学の確立はありえないのである。

ここで、とある風聞を耳にしたので一筆したい。それは、日本の某大学のヘーゲル研究の大家が、私の著書『哲学・論理学原論〔新世紀編〕――ヘーゲル哲学 学形成の認識論的論理学』をドイツ本国の「ヘーゲル研究会」へ推選されたという内容である。風聞なので、お名前を記すわけにはいかず、かといって本当ならば「ありがとうございました」とのお礼の一筆をもしなければ……、との思いからここに記すしだいである。

目次

表紙…小林　育則　高橋　剛

1　『学城』第二十号にあたり、学術誌発刊の意義を初期の「巻頭言」と「編集後記」とで振り返る

南郷　継正

読者のみなさん。

『学城』もようやくにして第二十号となりました。ここに至るまでには本当に艱難辛苦の道のりがありました。理由は、私たちの学的レベルに相応する論理的展開が大変だったからです。

端的には、事実的・資料的・研究的な発展はいくらあっても、それは学的発展ではない、ということの難行苦行を、毎号毎号「イヤッ」という程、味わう年月だったということです。

それらの実態は、各号の「巻頭言」と「編集後記」とで分かってもらえるはずです。それだけに、本号に再録したものだけでも、できることなら、じっくりと読み、かつ、かみしめてほしいものです。

『学城』第一号　巻頭言
――時代のあけぼのを告げる

南郷　継正

吉本隆明氏（思想）、三浦つとむ氏（弁証法）、滝村隆一氏（国家論）などの第一級の論者を擁して二十世紀後半に華と咲きほこった『試行』誌が姿を消して久しい。

そこで私たちは二十一世紀を迎えたのを機に、新たな学問の登龍門となる学問誌を発刊する。題して『学城ZA-KHEM,sp』である。第一号は、学問形成のための基礎編であり、すなわち「学問への道（弁証法編）」である。なにゆえの学問なのか、そしてどうしてそこに弁証法なるものがからんでくるのかについて『武道哲学講義Ⅰ』（南郷継正　武道哲学　著作・講義全集　第四巻　現代社）に論じてあるが、簡単には以下である。

『学城　ZA-KHEM,sp』は、二十一世紀に真の学問復興をと願っての発刊である。私の読者にとっては常識であ

る「学問とは現実の世界の歴史性、体系性を観念的な論理性として体系化することである」の文言を、名実ともに学問の世界の言葉にしたいからである。それだけに、本誌では「その学問とは何か」「学問が理論的な体系化でなければならないと、なぜヘーゲルは思慮したのか」などの事柄に関わっての小論集を、専門科学の分野の学者の手によって展開していく予定である。それゆえに題して学を志す人たちへの「学問への道」となる。

しかしそれが、どうして弁証法編となるのか不可解な方たちが多数おられるはず、である。答えは以下である。私の『全集』のどの巻でも読まれたらわかることであるが、学問は単に理論的なものであるだけでは駄目で、その理論性を含んでの体系化でなければ、すなわち理論的なうえに体系性をもたなければ学問たりえず、結果として単なる情熱のみの論理的展開になるだけだからである。

では、なぜに過去の大半の学問が体系性をもつことができずに情熱的な論理性にとどまるのかの答えは、「そこに、その学者に、その学問を志した人たちに、そしてその道を歩きはじめた人たちに、学問を体系化するに必須の弁証法的能力がなかったから」という一語につきる。

これが、フィヒテやシェリングが、あれだけの情熱、才能がありながら、学問構築に大失敗した理由であり、弁証法的実力をモノにしたアリストテレスやカント、ヘーゲルがどうにか成功できたゆえんでもある。

読者のみなさんは、その理由、そのゆえんの実態を本『学城』の連載の中身で少しずつ、そしてしだいに大きく理解できていくはずである。ともあれ、『学城』第一号はここに発刊される。みなさんのまじめな学読によって、みなさん自身の実力の向上がはかられるよう期待する。そして、それとともに『学城　ZA-KHEM.sp』の内実がより豊かに育っていくことを約束して、発刊の挨拶としたい。

『学城』第一号　編集後記

悠季　真理

『学城』第一号を手にとっての読者のみなさんの感想はいかがであろうか、と問いたい気分である。

「本当にながらくお待たせしました」とまずお詫びをしなければならない。どうしてそんな時間を必要としたのか、との疑問には、次のようにお答えするしかない。

「巻頭言」にしっかりと述べているように、私たちの『学城』発刊の想いは二つあった。一つは、大きく時代をリードした雑誌『試行』が廃刊になってしまったことによるその時代性への穴埋め、二つは、それをなすには『試行』に代わるものというより、『試行』以上のものを目指すべきである、すなわち達成すべきであったということである。

本『学城』を通読された読者は、そこをはっきりと目の当たりにされたはずである。いやそれ以上に、志ある方がたは「学問への道」という文言だけでも身震いされたことと思う。ここが私たちが『試行』以上を目指した主眼点だったのだから。自らの専門分野を把持している人たちには、本『学城』が巻を重ねるにしたがって、きっちりとした道筋がしだいしだいに視えてくることになろう。

二十一世紀は、私たちが世紀末に予想したとおりの大動乱となっての幕開けである。

今こそこれら大動乱・大変動に負けることのない文化としての人類の精神の姿形をデッサンしていくことが、求められなければならないはずである。

『学城』第二号　巻頭言

――「学問とは何か」を問える学者なき時代を憂いて

南郷　継正

『試行』誌は、吉本隆明氏（思想）、三浦つとむ氏（弁証法）、滝村隆一氏（国家論）などの第一級の論者を擁して、二十世紀後半に華と咲きほこったと、第一号の巻頭言で書き始めているが、これにはいささかの誇張もない。私たち当時の志ある若者たちには、この『試行』誌は、まさに未来を見せてくれている（と「興奮」した）思想、学問誌だったのである。だが、その当時の若者たちを含めて、今はあの「興奮」を覚えた自分たちのことを記憶に留めている人たちは、もうほとんどいないはずである。それほどに時代の波は恐ろしい速度で二十一世紀へと流れこんで激動を巻き起こしてきている。

だがこれは、何も現世紀だけの現象ではない。二十世紀を世界の人々が迎えたときだって同じことだったことは、小学生レベルの歴史の教科書を開けば、まず「ロシア革命」が目にとびこんでくるだけに、これはもう誰にでもわかるはずのものである。

世界はなぜ、そんな激動を世紀ごとに巻き起こすのかを簡単には、「それは人類が時を創造したからである」といってよい。人類が猿類と分かれて進歩する大きな歩みの原動力の一つは、「時の発明」、すなわち暦法を発明したことによる。私たち人間は、自らの行動（労働）の成果を計測することを覚えたがために、自らの志を単なる目的とすることだけでは喜ばず、目的達成のための暦法すら創造し、現実の世界をプログラム化するだけでなく、未来へ向けての達成のプログラムすら創造してしまったこと！　である。

それだけに年の変わり目は当然のこと、自分たちの誕生日すらも何かの目的に使う自分たちになってしまっているのであり、それだけに世紀の変わり目には「何か偉大なる目的を、大きな志を、誇り高きものを！」との情熱を湧き起こすことが、人類のいわば必然性レベルでの目的となってきているのである。それゆえ私たちは、この二十一世紀にも、あの二十世紀の初頭に起きた出来事レベルのものが人類レベルで起き始めるのだ、いやもう起きているのだ！　と覚悟し、かつそれに自分の人生を賭けてかからなければならないのである。

そういった人類一般の大志、目的といったものへの情熱を、私たちは学問という人類最高の精神の部門へと向けることを決意し、その決意をかためて出立したのが、この『学城　ZA-KHEM.sp』である。もちろん、これには膨大な準備期間を必要としたのはいうまでもない。

『試行』誌の第十号までを繙いたことがある人たちには常識レベルであるのだが、本物の実力ある執筆者が吉本隆明氏ただ一人というあの頃の実状では、続刊すらかなわぬということもありえたはずである。

だが、弁証法の大家三浦つとむ氏の協力があり、その上に国家論構築に若き情熱を傾けていた天才といってもよい滝村隆一氏を迎えて、『試行』誌はしだいに磐石となっていったのである。

私たちはその『試行』誌の歩みに深く学んで、何十年という月日をかけて、学者育成のための十全な準備期間をもったのであり、その準備の万全さでもって、ようやく『学城　ZA-KHEM.sp』の発刊となったのである。

以上説いたように、私たちが『試行』誌から学んだことは大きい。そして私たちは二十世紀の後半が『試行』誌である以上、二十一世紀の前半くらいはわが『学城 ZA-KHEM.sp』である、との志を立てて出立するものであり、かつその目標を『試行』誌にまさる「学問」誌と定めたゆえんがそこにある。かくしてここに、『学城 ZA-KHEM.sp』第二号は発刊される。

『学城』第二号　編集後記

悠季　真理

G・W直前に、第二号の編集が終わり、原稿のすべてが手元を離れようとしている。

『学城』の中身はすべて各執筆者の独立原稿なので、編集とは名ばかりで、いかにしっかりと原稿を送ってもらえるかだけが、唯一の実質である。

本「巻頭言」にも再度、しっかりと述べてあるように、私たちの『学城』発刊の想いは二つあり、二十世紀の後半を見事に走り抜けた『試行』誌の穴埋めと、どうせなら、『試行』誌以上のものを！　と志しての第一号であった。簡単には、『試行』誌の主体が「思想」と「文芸」であったものを、『学城』では学芸ならぬ「学問」をアイデンティティーとして出立したかったのである。

この中身は二十一世紀の大動乱に負けることのない精神文化として、人類のあるべき姿形をはっきりとデッサン・デザインすることにある。「その狙いは見事に果たされた」と誇るには、まだまだ時間がほしいが、少なくともそこへ向けての大きな第一歩を踏みだせたことは、「たしか」である。

そしてここに、その第二歩としての『学城』第二号が発刊の運びとなる。目次を眺められればわかるように、今回は三人＋一人の新人の登場である。過去の執筆枚数の少なさによる論文形式としてのつたなさはともかくも、中身には充分なる研鑽の事実がある。そこに時代を超えてのすばらしさを、感じとってもらえたら……と編集子は心から願うのみである。

さて、それにしてもずいぶん大風呂敷を広げているように思われる読者が数多くいるであろうが、実は私たちは少しもそうは思っていないのである。巻頭言にあるように、理由の一つは、現代には全世界的に見渡しても、「学問とはなにか」を問える実力を持った学者はほとんどいないからであり、それだけに私たちはそこを憂えて、二十一世紀を学問の世紀にしたいとの念願があるからである。

学問への道を研鑽して数十年たった現在、改めて天下の学問書を扱っている某大書店の学問的古典の訳書を見てみると、そこに愕然とするほどの数多の誤訳があるのを発見できたのである。

いずれ、そう遠くない将来に、新訳（正訳）をと志しているが、そこを正すことだけでも、学問への道が大きく切り開かれるものと確信している。

『学城』第三号　巻頭言
――学問を志す初学者たちに

南郷　継正

『学城』も本回で三号を迎える。『学城』のような学術・学問誌なるものは、十号という道標に至るまでに大きく超えなければならない巨大な壁が存在するものである。このことは、私たちが憧れの対象としてきた『試行』（吉本隆明氏編集）を想起されればすぐにわかることである。すなわち、『試行』誌が辿っていった数十年の営為が、どれほどの大変さのものであったのか、ということである。

それは何かというと、連載の中身の問題が一つと、他は十号という道標に至るまで、それを続けなければならない執筆者の艱難辛苦の問題である。学問を志す初学者のために少し説明しておくとしよう。

執筆とはいってもその実態によって大きく評価が異なってくるのは当然であるが、その肝心の実態の中身を論理的に問う人たちは、あまりいないようである。同じような執筆であっても、小説と論文とは大きく実態が異ならなければならないのは論を俟たない。たとえば、小説ならばいかに歴史的に存在している作品を真似しようとも、その作家なりの独自性（アイデンティティー）がはっきりと現出していれば、誰も盗作とか前作のモノマネとは、いわないものである。だから、文芸作品はここでは問題にしない。

ところが私たちの『学城』の作品のほとんどは、学問レベルの論文であって、けっして小説や評論などではない。学問レベルの論文というものは、まず第一に問題にされるべきことは、その論理性にある。そもそも論理というものは、巷にあふれかえっている肩書きだけは大学教授として、内実は学問レベルからすれば素人レベルの人たちが考えるような、言葉として論理という文字を使えば、それで論理的な文（論文）になるというがごときのヤワなものではない。まして、哲学と称して、人生論や謎解きを行なう御仁のタワゴト文でも絶対にない。

端的に論理とは、自らが究明したい専門的対象の事実という事実に横たわる性質の共通性を導きだして後、そこを一般性レベルで把持できたものを最低線として成立可能なものである。

それだけに、論文を書くためには、少なくとも対象的事実の共通性をまずは導きだし、そこを一般性として把握できるだけの実力を必要とする。しかし、この実力は第一級の秀才といえども、単なる年単位の年月をもってして可能というわけにはいかず、それこそ基礎力に五年、書くに値する実力に十年、計十五年以上の努力の日々を欠かすことはできないのである。この実力があるのかが、「連載の中身が問題である」ということの説明である。

他の一つは、論文というものは、対象とする事実という事実の共通性を一般性として把握できてこそモノすることが可能だと説いたが、これだけでは論文は書けても、論文を書く大本の目的、すなわち学問の形成つまり学問体系をモノすることはとうてい不可能だからである。

初心者向けに簡単に説けば、論文というものは学年と同じで、一年一年上級の学年に上がっていかなければならないように、論文も一本、また一本と論文の質的向上を果たす必要があるのだ、ということである。

端的にいえば、一号よりは二号、二号よりは三号の論文の質の向上が要求されるのである。そうでなければ、学問創出などとうてい不可能だからである。

かくして三号が世に出る。はたして江湖の評価はいかがであろうか。

『学城』第三号　編集後記

悠季　真理

第二号が発刊されてから、一年もの月日が流れようとしている。「光陰、矢の如し」をしみじみと思わされる日々が続く。本来なら、『学城』はかつての『試行』誌（編集者　吉本隆明氏）のように、年二回の発刊をと願っているのであるが、どうしても水準以上の学問的実体を保ちたい関係上、ようやくにして、第三号の発刊を迎える。

もちろん『学城』の本体をしめる執筆者は、日本弁証法論理学研究会の会員であるから、素人執筆者の寄せ集め集団などでは絶対にない。当然に高学歴者であり、実力も研鑽もそれなりのものがある。にもかかわらず、遅々とした執筆の運びが現実となっている。

理由は二つある。

一つは、学問的研鑽の内実を筆にする困難さから、すなわち現在の一流大学の博士課程は学問体系はおろか、理論を体系化することすらかなわぬ構造をもっているからである。

二つは、学問的レベルでの弁証法の構造をもっての理論性の頭脳活動を創出しながらの論文執筆を要求しているからである。

いずれも、私たち日本弁証法論理学研究会以外では、まずお目にかかることは不可能なレベルの内実をもって、はじめて合格論文とされるからである。編集者は論文を集めるだけが仕事であると第二号に説いたが、論文を集めるとは、以上の中身を含んでのことだと読者には了解していただきたい。

さて、今回より南郷継正『武道の理論』欧州版も、本誌に連載することとなった。

『武道の理論』は、南郷継正の学問形成の出発点となった書である。古代ギリシャ以来、ヨーロッパにおいて二千年以上もの長い伝統をもつ弁証法が、はるか極東の日本において、日本独自の文化である武道・武術に学問レベルで適用されることにより、かつ弁証法による武道の究明を通して、（本場ヨーロッパのものであったはずの）その弁証法も大きく発展させられる流れの中で、見事に武道の学問化が果たされている。

この南郷継正の最初の業績を欧州版として世に出すことは、欧米の人々にとっては大いなる衝撃ともなろう。それがまた私たち日本弁証法論理学研究会の実力のあかしの一つであると考えている。なお、私たちの日本弁証法論理学研究会は、本年六月をもって、三十三周年を迎えたことを付記したい。

本『学城』が世界の学問の歴史に棹差せるものになればと、強く願っての第三号発刊である。

『学城』第四号　巻頭言
――学問を志す初学者たちにⅡ

南郷　継正

『学城』は本号でようやくにして四冊目となる。まさに牛歩そのものである。理由は、前号に「学問を志す初学者たちに」で説いたとおりである。すなわち、学問としての道の歩みは実に困難を極めるからにほかならない。

少し引用してみよう。

「私たちの『学城』の作品のほとんどは、学問レベルの論文であって、けっして小説や評論など（の類い）ではない。学問レベルの論文というものは、まず第一に問題にされるべきことは、その論理性にある。」

「端的に論理とは、自らが究明したい専門的対象の事実という事実に横たわる性質の共通性を導きだして後、そこを一般性レベルで把持できたものを最低線として成立可能なものである。それだけに、論文を書くためには、少なくとも対象的事実の共通性をまずは導きだし、そこを一般性として把持できるだけの実力を必要とする。」

「簡単に説けば、論文というものは学年と同じで、一年一年上級の学年に上がっていかなければならないように、論文も一本、また一本と論文の質的向上を果たす必要がある。」

しかしながら、学問の論理化へは（論文を一本、一本学問化するためには）その行く手に無情かつ非情ともいえる大障害が横たわっている。これは読者がいかなる解釈、偏見を抱かれようと勝手であるが、以上に関しては、紛れもない現実である。学問への道を志す人にとっては、流されかねない大激流があり、もしくは歩くことの不可能な、立ちふさがる大岸壁がある。

すなわち、学問的論文の質的向上を図るには、当然に学問的論文の内実に含まれる弁証法とか、論理学とか、認識論の学問的質の向上がなされなければならない。

ところが、ここに大きな落とし穴があることに、歴史上の学者のただの一人すら気がつかなかったのである。

弁証法を例にあげれば、自分の専門分野の研鑽が深まるとともに、そこに横たわる弁証法性を単なる単層レベルではなくて、対象の弁証法性をより重層構造で捉えかえして、そこをより重層的な弁証法の論理構造で体系的に説くことが必要となってくる。

だがそこを歴史上の学者の誰もが気がつくことがなかった、つまり、ここに気がつかずに単層の弁証法そのままで、あるいは単層矛盾論のままに、あるいは単層認識論や、単層論理学で自分の学説を構成してしまったのである。この学者たちは、弁証法の復興者とされるカントであり、弁証法の達人であるヘーゲルであり、マルクスであり、エンゲルスであり、わが恩師三浦つとむであった。

そこをふまえて、会員の自戒をこめての「詩」（（三）番以下略）としたものが以下のものである。

『われ　学へ』

（一）　学びのせせらぎ行きゆきて
いつしか大江　疾き流れ
千尋の峡谷　仰ぎ来て
歴史の凄みに身がひきしまる
わが学の道　まだ遥か

（二）　事象の奔流　只中に
論理と事実の区別なく
学びの基本に誤ち知りて
歴史の深みに心も凍る
わが学の道　まだ遥か

『学城』第四号　編集後記

悠季　真理

前号までの『学城』の表紙に「学問への道」とあり、その下に小さく「弁証法編」と書かれていたことは、前号までの読者の方々は当然に目にされているはずである。その文字が今号から消えることになる。

第一号発行当初、どうして「学問への道」が「弁証法編」なのかとの疑問があったのはあたりまえかもしれない。なぜなら、一つには学問の世界であるはずの今時の大学は、ほとんど弁証法とは無縁の状態であるからである。その最大の原因は、今時の大学はもうとっくにそもそもの学問と無縁であるだけに、いくら学問に必須であると私たちが説こうと「馬の耳に念仏」でしかないからである。

他の理由も当然にある。それは、ここ数十年間というもの、大学人のほとんどが、まともに「弁証法」なるものを説いてはいない（実力をもっていない）からである。たしかに、「弁証法云々」と名の付く書物は何冊かは出版されてはいたが、その著者の誰一人として、彼のいわゆる「弁証法」を学問として、あるいは理論体系として説く実力がなかったからである。

だが、本号「巻頭言」にあるように、真の学者やまともに学問を追求する人たちにとっては、自分の専門分野を学問化するには「弁証法の学び」というより、「弁証法を駆使できる能力」は必須なのである。しかるに、弁証法を把持していたとされる学者の誰もが、「学問に役立てられるレベルの弁証法」をまともに修得できてはいなかったという事実がある。それが証拠に、カントも、ヘーゲルも、マルクスも「弁証法」を理論的に措定しはしなかった（できなかった）のである。

死ぬまで弁証法の研究者であったと思われるエンゲルスが、僅かに著述の『反デューリング論』や『自然の弁証法』の中で「科学としての弁証法」の法則をしっかり説こうとしていただけである。だが、それも法則としてはともかく、「理論としての体系」レベルではかなわなかったのであるが……。

私たちは彼らの無念（?）をふまえて、しっかりと「弁証法」を学び続け、それを理論的体系化する作業を数十年間行なってきている。その成果の一つが『全集』第二巻（南郷継正著）に略述されていることは読者にはこれまた常識のはずである。

「巻頭言」の「われ、学へ」の「詩」は、その「弁証法」を等閑視すると「学への道」でいかなる大欠陥が生じてくるのかを（一）と（二）で示したものである。いずれ、詳細な「詩」の解説で、読者に理解できるよう説くことになるはずである。

だが、『学城』も四号目ともなれば、もっと上の段階を目指すべき時にきている。そこで「弁証法はもはや常識」として次のレベルへと上っていくことにした。

かくして『学城』第四号は発刊される。

（簡略化かつ文字を変えた等々してある）

2　「南郷継正講義」（『学城』第十三号）を〔単細胞生命体の遺伝子から人間の遺伝子への体系的重層構造の講義――『全集』第三巻余録（Ⅲ）〕として詳細に論じる

南郷　継正・本田　克也

【南郷継正】　本号は、第二十号といういわゆる節目のものであるだけに、たとえ拙くともなるべく新人の小論を載せるような編集となっている。それゆえ、私の『全集』第三巻の「余録」もお休みとなった。とはいえ、私の小論を期待している読者には申し訳ないので、第十三号の私の「講義」をより詳細に展開することによって、連載中である「余録」をより理解できるように、かつ、より詳しく説き直しもしたこの小論で納得していただこうと思う。

たしかに、「講義」そのものは数年も前になる二〇一五年のものではあるが、その内容は現在でもまだまだ世界的レベルで誰もが追いついてはいない学的「講義」であるだけに、大多数の読者にとっては、現在の時点で再読されても、とても興味深く、かつ面白い小論（自画自賛）であるし、それに、分かりやすさを加えての少々の詳しさとなるだけに、大きく頭脳の体操としても十分有意義な内容になると思う。

当然ながら、第十三号を持っていない人にも役立つように、大切な個所の要説を詳細、容易に展開していくということで始めることにしたい。

以下、第十三号の抜粋は、【本田克也】の部分は大して手を加えていないが、【南郷継正】の部分は少し詳しく説き直したものである。当然ながら、誤植等は訂正している。

【本田克也】初学者の大半は、遺伝子論の骨子たる遺伝子の構造をなんら理解する努力もなしに、現代の花形たるＤＮＡのみで遺伝子の実態を理解しているかの錯覚をしているようである。しかし本「講義」では、人間の遺伝子なるものは人間としての単なる構造を把持しているだけでなく、その実態の構造たるや、なんとも怖いくらいの体系性、それも、原始生命体たる単細胞からの生命的体系性を把持しての重層構造だということを、この講義で説かれたのである。

簡単には、初学者にとっては単なる遺伝子の構造だけでも大変なのに、それが実態としての体系性を把持している、しかも重層構造としての体系性であると説かれたのである。

だが、遺伝子の「実態」とは、「構造」とは、そもそも「何物なのか」については、会員達の頭脳では漠としていてどうにも描けず、その「実態」「構造」の像を描くことすらままならないようであった。ましてや、教科書レベルの知識だけで遺伝子の像すら描いたことのない新人にとって、遺伝子の「実態」「構造」の像をどう描けばよいのか、それだけでなく、遺伝子なるものの像の中に実態的構造性があり、これすらも像としてどう描くべきか、また加えて、それが重層構造となれば、それは、どのような全体としての像となるのであるか……。

ここに関しては、この「講義」の最後は以下の文言で締めくくられたのである。

【南郷継正】人類の遺伝子は、端的には重層構造を把持している、と説くことは間違ってはいないが、より正確に説けば、人類の遺伝子の実態は、構造的体系性を把持した上での重層構造というものになっていることを分かる努力をなすことが大事である。

ここをマンガを描くレベルで記してみれば、マンガを描く当初は、イラストレベルより単調な線の並びから始まるように、当初の単細胞の遺伝子の図は、どのようにも変化していける普遍化レベルの漠とした紋様そのもののレベルから始まっていったことを、まず知っておく必要がある。

漫画家の初期の作品で分かるように、『サザエさん』ですら当初は散々な出来であり、その作品は長谷川町子がベストセラー作家となった頃に彼女の下手な盗作ものと、専門家にすら間違われたほどに、下手そのものであったのは歴史的事実である。

そのように（たとえがあまりよくないが！）、原始単細胞体の遺伝子の実態・構造なるものは、現代から視れば、下手な遺伝子の作品としか思えないところから現代に至ってきていることを分かってかかることが大事である。それはともかくとして、話を続けよう。

原始単細胞体の遺伝子は、下手な作品レベルの実態的内容でしかなかったが、この原始単細胞体ですら、歴史性を持つものであった。原始単細胞体は、単純そのものであり、摂取・自己化・排泄レベルとは学者の評価であるが、しかしこの原始単細胞体自体の単純な摂取・自己化・排泄すらが、地上の変化の複雑化によって重層的に複雑化、すなわち、摂取の複雑化・自己化の複雑化・排泄の複雑化の構造になっていくのである。

これは一体何を意味するのかといえば、以上の出来事による原始単細胞体自体の複雑化（重層化）の加速度の上昇化であり、これがすなわち原始単細胞体の「遺伝子」の構造の複雑化、重層化の積み重ねの始まりとなっていくのである。

原始単細胞体自体のそのような重層化・複雑化としての発達は、単純なマンガの線レベルの設計図でしかなかった遺伝子から、より複雑化・重層化した遺伝子の誕生となり、それだけに原始単細胞体の遺伝子は、実体レベルでは原始単細胞体自体そのものでありながらも、大きく複雑化的（重層的）遺伝子の構造を持つようになった（なるしかなかった）のである。

理由は、諸君にも分かるであろう。大きくは二つある。

一つは、原始単細胞体の益々の大繁盛的誕生となり、これが重層的複雑さでもって地上により複雑的変化をもたらしていくのであり、この地上の大きな変化の流れがより重層化していくことによって、原始単細胞体がそれらを吸収しなければならないことから、原始単細胞体そのものすら（すなわち遺伝子を含めて）より重層レベルで複雑化しなければならなかったからである。

この原始単細胞体の単純な生命体ですら、複雑化・重層化となっていくだけに、生命体の歴史そのものとしても、原始単細胞体の重層構造性を帯びた原始というより、原始より成長できた上級原始単細胞体が誕生してくることになる。

ここを簡単に説き直せば、原始単細胞体は未だ原始的単細胞体時代であっても、原始が新原始、そして新々原始、超新々原始単細胞体となってきた頃には、地球上の二重の大変化、すなわち、地球の物理性的大変化と地上の生命体誕生による化学的大変化により、そのままでは生命体自体が生命体としての実質を保てなくなってくる、簡単には生命体自体が単細胞体のままでは生きていけなくなり、結果、新生命体、すなわち海綿体へと質的変化を遂げていく、遂げなければならないことになっていくのである。

以上のような、なんとも複雑怪奇な歴史の流れを何十億年 (?) と把持した原始単細胞体は、その歴史が大きく流れていくにつれて、原始単細胞体から海綿体的生命体へと進化していった (するしか生命《イノチ》を保つ術《スベ》はなかった) が、ここを遺伝子そのものに的を絞って説けば、この原始単細胞体から発展した新生命体たる海綿体は、当然に新遺伝子の誕生となるわけではあるが、この場合、大抵の生物学者は、ここで大きなミスを犯すことになっていくことになろう。

それは何かを説けば、新生命体たる海綿体は、海綿体独自の、つまり、海綿体的独特の遺伝子を持つものだ、と思ってしまいかねないからである。この理由を一言で学的レベルから説けば、学的弁証法の学びをなしてこなかったから、となる。

エンゲルスの定立した三法則レベルの弁証法の実力は、当時としては理科学の進歩に見合った凄いものであったのだが、(いかんせん) 刻《トキ》は流れて古典ものとなっている。それだけに現在では、小学一年生の算数レベルの実力がようやくなので、学問レベルの研鑽にはどうにも役立つことはでき難いのである。

文句を付け続けるとこれだけで終わってしまうので、ここは打ち止めにして、「生命の歴史」すなわちわが日本弁証法論理学研究会が打ち立てた学的弁証法の一つの成果たる「生命史観」的弁証法からすれば、簡単には、以下のように説くことになる。

原始単細胞体の旧↓新↓新々↓新々々↓超新の遺伝子のすべてを掛け合わせるレベルで新生できた設計図そのものが、簡単には、原始単細胞体の掛け合わせたレベルの新設計図そのものが、新海綿体の設計図の大きな下敷きというより、まともな土台を構成しての下敷きとなって実存している。

下敷きとして実存しているその設計図の上に、原始単細胞体から進化できた新海綿体としてのその設計図が、まずは (当初は) なぞるように (なぞるように、である) 上書きされていくようになるのである。

ここで「なぞるように」とワザワザ記したのには、大きな理由がある。それは、「旧から超新」までの複合化した遺伝子の実存形態として遺伝子そのものを構成している（構成しなければ、遺伝子とはならない）からである。

では、ここでなぞるような下敷きとなすことが可能でなかった、つまり新生命体としての海綿体に進化しようともしなかった、あるいはどうにも新生命体にはなれなかった原始単細胞体は、新海綿体の生存形式を補助する役目を担って生存し続けていくことになる。

以上に説いたように、すなわち単細胞体的紋様の設計図の上に海綿体的設計図がなぞるように上書きされていくと説いたように、すべての進化していく生命体の遺伝子の設計図は、重複・重層的レベルで進化してきているのである。もっと単純に説き直せば以下である。

単細胞体設計図×海綿体設計図と重層的・複合的設計図となって進化できたその上に、またなぞるようにクラゲ的設計図、そして魚類的設計図、その上を両生類的なものとなっており、その両生類的設計図の上をなぞるように哺乳類的な設計図が上書きされていき、そこに加えてサル的設計図となっているものを、一言で生命体遺伝子の体系的重層構造の設計図ということになるのであり、結果としてのこの遺伝子の実態を歴史的に分析すれば、単細胞体×海綿体×クラゲ体×魚類体×両生類体×猿類体としての壮大かつ華麗なる体系性的重層複合構造を把持しての立体的重層複合構造となっているのだといってよい。

この体系性を把持しての遺伝子の重層複合構造は、では、人類になると、どのような上書きをなすことになっていったのかという問題が人類の遺伝子の体系的重層複合構造を、理論的に説くことが可能となる筋道である。

これは例えれば、人類の歴史を体系的重層複合構造として説くということと、論理的には同様の筋道である。原始共同体→オリエント国家→古代的国家→中世的国家→そして現代国家の重層複合構造体としての実態を、国家体系的重層複合体そのものとして説くことと同様の論理構造である、といってよい。

ここの論理構造を現代国家（資本主義社会）を対象として見てみるならば、その国家の実存を形態的にも実体的にも支えている資本主義というものを説く時にも、同様の論理構造となるともいえよう。すなわち、原始共同体に実存した形態の何が一体、現代の資本主義社会の実存形態として形成されてきたのか、そして形成されなければならなかったのか、そして形成された資本がどう発展したがゆえにどこで崩壊していくのか、の過程を辿ることに関わっても、である。

端的には、国家の設計図、例えば大日本帝国憲法の論理構造をしっかり押さえることができなければ、すなわち国の構造つまり体系的重層構造を分かることがなければ、どうにも国家の実存的像は想像レベルですら創出することは可能とならないように、現代経済も資本主義社会の体系的重層構造抜きでは、資本主義国家なるものの実存像を描こうにも、どうにも歪むばかりとなる、ということでもある。

【本田克也】 以下、南郷継正の結論をふまえて、「講義」の展開を具体的に追っていきたい。

その講義の中身は、これまで会員が漠として分かりきれずにいた遺伝子の像の形態を、「思うから考えられる」への遺伝子の構造の発展を例にして説かれた。ただ、その中身は到底、これまでの認識学や生理学を遥かに超えた展開であったので、私も含めて会員の頭脳の働きははちきれんばかりになったことである。その講義がいかなるものであったかを、具体的に述べていきたい。

これは世間の遺伝子研究、もしくはＤＮＡ研究などとは全く異次元の世界、というより超次元たる遺伝子に関わっての学問的実像の研究の世界である。

それは、端的には「遺伝子の実態構造から生命の世界の実態的歴史を説く」ということができるようになるということであり、そしてそれはいかなる観念的実像になるのかの素描への夢を与えてもらえたということである。

大事なことは、その世界を「論理性を把持した像」として描く努力をしなければならないこと、そして、どんな過去・現在・未来の出来事も論理的な像として描くことができ、それ故未知への世界をも論理的に描けるのだという夢を与えてもらえたというのが、なんとも大変な感動であったというべきである。

そのような南郷継正の講義は過去に何回となくあったのであるが、これまで皆の意見としては、自分たちは「思う」ばかりで、まともに像なるものを「考え」てみようともしてこなかった、ということを改めて感じさせられたという反省が多くあった。

本当の遺伝子というものは、現代までの研究者の大半が思っているものとは全く違い、生命たる人間を動かし、生かし続ける根本的なものである。初学者にとって今回の講義は、私ともども頭が殴られるような衝撃があったといってよい。

しかしながら（かつての私もそうであったが）、初学者の後輩会員の頭脳はとてもこの講義を理解できる実力がなく、頭脳に染みこむようにとは、到底いかなかったようであり、頭脳の中を南郷継正の説かれていく言葉が堂々巡りしているだけであるようであった。

これもすべて講義として説かれる内容の理解を、会員自身のこれまで創られてきた頭脳活動としての遺伝子の実力が邪魔しているのであったとしたら、それをなんとしても創り変えていかなければならないし、それができないとしたら、目の前にあるあまりにも大変な宝物を失ってしまうことになる。

そのように思ったことから、後輩会員が、〝考える〟ことの可能な像への端緒への理解を掴みとれるようにすべく、講義を認めることにしたのである。

正直なところ、今回のは私自身も本当に頭脳がクラクラするような感覚が今でも残っている。南郷継正は、「このことはすでに学究ゼミのメンバーには、二十年前に説いた話の続編である」と説くが、これは単なる文字通りの「続編」ということでは決してなく、あの二十年前から振り返れば何重にも構造的に遺伝子の究明が深まってきているというべきであろう。

初学者にとっては大変に難しい講義だったであろうが、まずはどのような内容だったのか、そしてその講義を聞いて私、本田がどう思い、どう考えようとしたかについて、順を追って述べていきたい。

それは一言で説くなら「思うから考えられるへの遺伝子の重層構造」についてのなんとも難解な、厳しい講義であったのである。〝思うことから考えられる〟、すなわち、単に「思う―思える」レベル、つまり「アタマの中に像を浮かべてその像を見る」だけの実力から、浮かべたその像について、思い浮かべることができたその像の「所以」「意味」「意義」などについて、いうなれば思い巡らしていくことから始まって、結果としてなんらかの自分なりの答えをしっかり、あるいはどうでもいいとの断定を下すレベルになることまでである。

ここを理論的に把握するにはサル（猿類）からヒト（人類）への進化の過程を辿れることが必須である。簡単には、「考えられる」という実力を持てることは、脳が外界との直接の反映像を元にして、直接的反映であった像をしだいに反映ではない新規の像を、つまり観念的な新しい自分流の像を新規なものとして創り出すことである。それの実践によっては遂には人類が「思うから考えられる」への、脳の中に遺伝子の複雑な重層構造を創りあげたからだ、という講義であった。

以下、具体的な内容である。

【南郷継正】 私が説いたのは、一言では、「認識を、単に思うレベルから考えられるレベル」へということの、脳の中の遺伝子の過程的構造が、こんなふうにして創り変えられる流れを持っている、という講義であった。これはすでに何回も話したことである。

例えば、単なる哺乳類だったはずのサルが、あろうことか木に登れるようになっていったことの意義を分かることが大事である。このことが、脳の働きと頭脳の働きの二重性をもたらしたことは常識だといってよいはずなのに、ここは少しも常識とはなっていない。いや、なることはまず「ない」といってよいだろう。

理由は、誰もが学的弁証法の実力がないからである。何回も説くように、弁証法とは世界に関わるすべての出来事の「生成発展」を解くための学問であるのに、エンゲルスも三浦つとむもここには無関心である。

では、学的弁証法たる「生成発展としての弁証法」を用いてサルの問題を解くとするならば、二つのことが分かってくるのである。

一つは、サルが木に登ることが可能となるにしたがって、サルの脳はどう変化していったのか、である。

ここは、かつての初期のサルになりかかったレベルの動物が何回も何万回も木に登って、そして下りていく努力をしてサルになっていったように、私たちは木に登る努力、下りていく努力を積み重ねていけば少しずつ分かるようになるのだ、と。

ここに、「思う」ということはどういうことかの謎を解く第一のカギがあるのに。だが誰もやらないのはどうしてだろうか。サルを檻に閉じ込めて、バナナを食べさせていけば何かが分かるだろう、ではどうにもならないのに。

木に登ってしまったサルは、研究の対象としては「オアソビ」レベルである。説いたように、木に登っていく努力をしていけば、現代の人間であっても、もの凄く分かってくることがある。それは、人間の手や足ではサルのようには木に登れないということ。

二つは、サルの手足は、哺乳類の四ツ足ではないが、元々は四ツ足だったことなどである。ここからは簡単に済ませるが、四ツ足が二ツ手＋二ツ足、そして二ツ手＋二ツ手（足）へとなったサルの脳に、いったいどんな変化が起きていったのかを、私たちは分かることが大事である。

諸君は十分に知っているように、生命体の脳は簡単には身体の運動によって誕生し、身体の運動の変化に応じる形で大きく進化してきている。魚類のヒレから両生類の四ツ足、そしてそこから哺乳類の四ツ足へと変わること、である。このように説いた流れでサルの場合も簡単に説けば、四ツ足のモロモロの単なる変化にしかすぎないように思えるはずである。だが、である。哺乳類までとは、見た目だけでもとんでもなく大きな違いが二つほど出てきていることに諸君は気がついていただろうか。

一つは、誰にでも分かっているはずのことだが、四ツ足をモロモロに変化させながら木に登り始めるのみならず、地上ではまた四ツ足に戻ることすら、なしえていることである。

二つは、木に登り続けることにより、目が哺乳類とは大きくことなることになっていき、顔面前方へと変化したことである。

中身に立ち入るとまだまだ変化していったのが分かるであろう。哺乳類は地上をほぼ平面レベルでの移動（運動）であるが、サルは木登り・木下り、すなわち上方への移動、下方への戻りである。故に、脳の実態の構造に大きな秘密が生じてくることになった。ここは「余録（Ⅲ）」で電池の例で説いたことだが、この電池のスキマの件《クダリ》が脳でいう「思う」が誕生する中身である。詳細は「余録（Ⅳ）」で説くことになる。ここからいきなり話を飛ばして、「思う」の説明をしたい。

「思う」ということは、けっして頭脳自体そのものの直接の反映的な働きではないことを分かる必要がある。これは細かく説けば、脳の働きの中で別の働きが生じたこと！　なのである。脳の働きとしての像ではなく、脳の働きが進化して、脳自体の中に頭脳というレベルのものが誕生した結果、その頭脳の働きの中の、頭脳が像を創るという別格の働きなのである。そもそも認識というものは、外界を映しとっただけでなく、それを像であると分かることを認識というのである。

よく国会の答弁であるだろう。「何々をそういうふうに認識しております」と。これは「あなたの言われることはこのようなこととして私は私なりの像を描いています」という意味である。

この脳の中の頭脳と化した中の認識を「呼び出す」ことが「思う」ということである。

この「思う」ということが個性的レベルで特別に技化 (量質転化) して、いうなれば、それが本能レベルの像になってしまったのがある種の精神病であるともいえるだろう。こうなった人はその量質転化した像を棄てることは到底不可能になってしまった結果、薬に頼るともなっていくのである。

別の簡単な例では「借金取りがくる」ということを、くよくよ考え続けてしまい、その本能レベルになった「思う」認識から逃れられなくなり、自殺したり蒸発したり、ということにもなろう。

単に「思う」ということであっても、その人独自の社会性をなくした「思う」を繰り返し行うことで、そこまで人間は自分勝手に自分自身を追い詰めてしまうものである。これは直接の対象の反映なしにくしゃくしゃ「像を浮かべている」というのが「思う」ということの実態である。

何回も説くが、「思う」という場合、すでに感覚器官は外界から遮断されていることを忘れるべきでないのである。どういうことかというと、たとえば諸君が噛むという行為をただ口だけで練習している時、食べ物を食べるのではなく、食べ物を抜きにして、いわば空気をくしゃくしゃ噛み、そして飲みこむことと似たようなことである。

ここで、本題に戻る。「思う」ことから「考えられる」ことへという事実の過程というものは、論理的にはその過程を説明するのは大変難しい。なぜなら、「思う」にしても「考えられる」にしても、その認識の変化過程をまともに辿るということは大変に難しいからである。たしかに「思う」の場合はそれほどでもないが、「考えられる」という認識の変化過程 (経過) は、これは「思う」の過程の重層像の上でなされなければ無意味だからである。

というのは「思う」の像は過去、現在の像であるが、「考えられる」の像は、「思う」の重層像を元にしながら、その像をまだないものへと創出していけることであり、これはまた重層像をまだ未知の未来的像として創りだすという大変なことだからである。

　だが、である。そのような「考えられる」像は絶対に簡単にはいかず、なかなかの困難を伴うことであり、普通どうにもならないことは、小説家ですら、なかなか本物の小説が書けない、ないし、書き続けることは難事だということで分かってよいことである。「小説を書くということは、自分自身の問題としては思いもしなかったことすらも、きちんと現実にあったこととして、読者をいわばダマすレベルで感嘆させせられるレベルの過去、現在、そして未来的な像の展開を何百枚という原稿用紙に文字にして説き続けること」だからである。

　それに対して「思う」という像は、やさしく説けばただただ頭の中に存在したものをそのレベルで、いわばそのまま描いているだけなのである。加えて、その像は当然ながら感情像としてのものであるだけに「楽しかったな」とか「悲しかったな」とか「こん畜生」とかいう姿や形で、である。

　しかし、考えることは、考えられる力を養成しなければ、「考える」そのことは不可能であるだけに、学者と称する御仁は考えられる実力を養わないままに、まずは「資料」を求めるのである。「考えられる」ためとなれば、「思う」「思える」として描いている像をまずは、せめてもの筋道を立ててなんとか変化的に動かさなければならない。しかし、である。この「思いの像」というものはそう簡単には変化できない（動かない）ものである。

　諸君が例えば、昔々の校長先生のことを思い浮かべた時、校長先生のその像は、簡単には酒を飲んだり、昼寝をしたり、読書をしたりするレベルのことでも動かないはずである。

　校長先生の像を動かしてやろうとすれば、「あの野郎！いつか蹴っ飛ばしてやる」とか、「あと一年もするとヨボヨボになって、みっともない姿になったら、ザマー見ろといってやろう」とかいうように、なんらかのことをモロモロに考えてみる努力をしなければならない。単純にみても「思う」ことと「考えられる」こととは、これだけ違うのである。

　以上、少しだけでも考えられることによって「考えられる」という頭脳活動の結果、脳自体の遺伝子の中身たるいわゆる「思う」の単層構造が、少しずつながらもより「考えられる」「考える」的な重層構造として創出されていき、そこから、頭脳独特の思惟へ、そして思弁へ、もっと進化して「思想」レベルへと形成されることになっていくのである。具体的には実体としての脳の遺伝子の中身(構造)が複雑化・重層化してくるということである。これが、「思う」から「考えられる」、そして「考える」への脳の遺伝子の変化の過程的構造である。

【本田克也】 ここに「思う」と「考えられる」「考える」というのはかくも違うものなのか、そして「考えられる」ということは生命賭けの考えられる努力をなしてこそ、自分の頭脳の実力が遺伝子レベルで発展していくのか、と私も当然ながら、初学者は特に恐怖レベルの思いになったはずである。サルからヒトへの歴史的な過程というのは大変な修羅場を潜り抜けた挙げ句の果てであったのであるから。

しかしながら、である。「思う」、「思考」、「思惟」、さらには「思弁」、そして「思想」との区別などについては、かつての講義で詳しく説かれてきている。加えて認識の成立過程や直接像や間接像の発展についても詳しく説かれてきているのである。例えば次のように。

【南鄕継正】 ここで「像」というものは、直接的には脳の中に描かれた(反映させられた)ものである。もっと説くなら、外界が感覚器官を通して脳の中に反映させられた(描くことになった)一種の画(絵)もどきである。簡単にはこれが、弁証法的唯物論の立場からなる認識たる「像」の過程性を持った説明(定義)である。これを弁証法的唯物論では「像」と言うのである。

ということが分かったとして、少し話を進めて感覚の話に移ろう。まず端的に感覚の解答を説いておこう。感覚とは感覚器官の機能、すなわち働きそのものである。もっと理論的に説くなら、実体としての感覚器官は感覚するという機能を直接的に持っているのである。もちろん感覚器官は五個あるので、それぞれの器官に特有の感覚をすることになる。目は見る、鼻は嗅ぐ、耳は聴くといったように、である。

このように感覚器官はたしかにそれぞれの機能(働き)を持っているのであるが、これらはけっして単独で動いているものではない。すなわち、感覚器官は全部で一つとして機能、すなわち働いている。この五個の感覚器官、つまり五感覚器官の共同体的機能、すなわち五感覚器官の総合一体的な働きをまとめて(統合)して「感覚」と言うのである。それだけに感覚だけではまだまだ像そのものにはなりえず、この感覚が脳そのものに反映されて脳の中に自身が「何か」を描くとき、「何か」が描かれた時、この描かれたもの、描いたもののことを「像」というのである。

この像のことを唯物論の立場では、別名、認識ともいう。だから、弁証法的唯物論では、ここを理論的に総括して「認識とは五感覚器官を通して脳に描かれた像である」と称するのである。

さて、この像には実は違った種類のものが実在する。簡単に説けば、脳の中での像は二種類ある。一つは、外界が五感覚器官を通して反映された像である。もう一つは何なのか。

これには少し頭を使う必要があろう。外界を反映させて脳に像を描くことは、これは誰にでも可能なことである。ここは本能レベルだからである。そしてここまでは脳のある動物一般なら誰（?）でも可能なことである。問題はここからである。人間は動物と違って、像をここから先へ発展させることが見事なまでにできているのである。諸君は一般性とか一般的とかの言葉を知っているはずだが、では、この一般性とはどんなものだろうか。どんな像として頭脳の中で描かれているものなのだろうか。ここは自ら答えてみる努力をしてほしい。

ここで「思う」と「考える」のはどう違うのかが、どうにも分からないとつぶやく人もまだいるだろうが、「思う」ということは、例えば目の前の箱を外側から見ているだけである。そこから中に何が入っているのだろうと、中身を見てとろうとすることが、「考えられる」ことの第一歩である。

このように事実で考えてみれば、すぐに答えが出るのだが……。このように努力していけば遂には、「思う」から「考えられる」過程そのものが技化していくことになり、そしてそれが大哲学者たるヘーゲル説くところの「アリストテレスの認識が到達できた、いわゆる思弁」と称される学的論理能力の概念への第一歩としても育っていくことになるのである。

（続）

3　生命《イノチ》の起源（誕生）を尋ねよう

——これはイノチはどのようにイノチとなってきたかの物語である

浅野昌充

〔プロローグ〕⑴

何十億年にも亘る地球の歴史に展開されている生命体について、まずは分かっていることから始めよう

目次

（1）「自然」って何だろう？「生命」って何だろう？

私たちは、とても数多くの種類の生き物に満ち溢れた、この地球の大空の下、水と緑豊かな自然の中に生きています。

日々の忙しさ、あるいは都会の喧噪の中であくせくしていると気にも留めなくなっているかもしれませんが、木々の緑、野の草花に、鳥や虫の鳴き声に季節を感じたり、海や山に行ったりして自然に触れるとき、その豊かさ、美しさ、場合によっては、恐ろしさに心を動かされるのではないでしょうか。

そしてそれとともに、生きていることの不思議さ、素晴らしさ、尊さ、あるいは、はかなさを感じ、ふと、生命って何だろう、どこから来たのだろうと感慨にふけることがあると思います。

人間は、ずーっと昔から、そのように、地球という自然と向き合い、そこに生きる生物の、そして私たち人間自身の生命の不思議さを感じて、これは何なのだろうか、どういうことなのかとか、あるいはどこから来たのだろうかといろいろ思い、考えていたのでしょうか。しかしそれは、まず「ない」はずです。

その理由の第一は、人間の元々はサルだったからです。そのサルから進化してヒトになり、そして長いヒトの時代を経て、人間（文化を持っている）になれたのですから。端的には文化のない時代は、考えることはただ闘うことのみだったからです。

それはともかくとして、みなさんは、遠い、遠い昔も昔、今から三十五億年前とも、四十億年前とも言われる遠い昔、この地球に、生命が、顕微鏡で１０００倍にしてやっとこさ見える今のバイ菌のような、とてもとても小さい霧の粒みたいな生き物として誕生し、それが長い長い年月の流れの中で、いろいろな生物に進化しつつ、とうとう私たち人間にまで進化してきたのだと、学習したことがあるはずです。

そしてそういうことがわかってきたのは、それこそ、自然とは何だろう、そこに生きる生き物の、そして私たち人間の生命とは何だろうかと、いろいろ考え、調べてきた先輩学者たちのたゆみない努力のおかげなのは確かです。確かではあるのですが、これは人間の歴史の中ではホンの少し（！）なのです。つまり、僅かな期間でしかないのです。

みなさんも学校で教わったことなので、常識として知っているはずです。すなわち、人類の歴史、人類が誕生して何十万年も月日が流れたとされていますが、それだけに、みなさんは、うっかりすると、以上説いたような研究すなわち、「生命とは何だろう」などと考えること（研究）を始めたのは、何十万年も前だと思うかもしれません。本当の答えは、「たったの二千数百年前からです」となります。

びっくり（！）でしょう。何十万年に対しての二千数百年なのですから……。それ故、残念なことにまだ、その努力はほとんど実を結んでいません。そのことをわかって私たちは、その努力を引き継ぎ、随分と苦労しながら研究を重ねてきました。その成果を、私たちは「生命の歴史」と名づけて発表できたのです。この連載では、それを説いていきます。

ところでということで、話は変わります。みなさんの中には私たちが以前、本にした『看護のための「いのちの歴史」の物語』（現代社、2007）を読んで知っている人もいるでしょう。その本は、これから私が説いていきたい「生命の歴史」を、「看護のために」物語として説いたものでした。

　なぜ、看護をする人たちに向けてだったのかというと、看護は、この地球という自然の中で、人間社会の一員としてそれぞれ思い、考えて生きていることで問題となる、さまざまな問題を、その人間の「生命」を丸のままに見据えて解決する仕事だからです。ですから、人間が生きているということの、その歴史的な真相をわかれば、それこそ鬼に金棒であると考えたからでした。しかし、学問レベルで説けば、多分に読んではもらえないと思い、「物語」としたのです。それだけに実際、多くの読者を得ました。

　これから説いていく連載の中身はある意味、この本の続編というより、学問編となるのですが、この連載では、それが先輩学者たちのたゆみない努力を引き継ぐ内容にしたい、その志を引き継いで説いていきたい、そしてその結果、これが世界の常識レベルになってほしいと願っての執筆です。

　でも、こんなことをいうと、「えーっ、むずかしそう」と、腰が引けてしまうかもしれません。確かに、先人、先輩たちの研究成果の真偽（どの程度本当か）を、まともに解き明かしていくことはもの凄く大変でした。どのくらい大変だったかを一言でいえば、「二十年以上の研究が必要だった」となります。

　ここで、「しかしながら……」となるのです。つまり、「でも、わかってみれば、そのことはそれほど難しくはなかった」といってよい程のことなのです。小中学校教科書レベルの、誰でも見て知っている知識と、ものごとを広く、素直に見て素朴に疑問を出し、考えられる常識があれば、この「生命の歴史の物語」の中身は簡単にわかるものだったからです。ですから、これから私が説いていく「生命の歴史」を大学で教わる、どこかの偉い先生があぁでもないこうでもないと言っている難しい知識やその解説は必要ありません。ここは、少し説明が必要だと思います。

　読者のみなさんは、漢字（小学生用）くらいは簡単に書けるでしょう。また、算数の掛け算、割り算くらいはできるはずです。しかし、なのです。人間がこの小学生レベルの学習ですら、それが可能になるには、長い長い時間（歴史）が必要でした。哲学の祖ともいわれるソクラテス、その弟子とされるプラトンという大哲学者は、びっくりするでしょうが、算数すら本当に知らなかったのです。また大数学者とされるピタゴラスは、三平方の定理をようやく発明した程度でした。ところが、みなさんは誰でもこんなことは簡単でしょう。

これが人類の時の流れの成果なのです。それ故みなさんは、私たちが何十年にも亘る研究の末にようやく辿りついた生命の起源の謎、そしてそこから発展していった生命の歴史のなんとも難しい中身を、私たちに必須だった大きな苦難と違って、容易に自分の実力にできるのです。

明治時代が始まるまでは、日本人の多くは無学文盲でした。カナ文字すら知らなかったのです。でも現在は、そんな日本人はいないでしょう。これは、日本の教育制度が立派だったからこそしっかり学習できたのだ、と分かってください。何事かを創出するのはとても大変ですが、わが日本の学校で学ぶのは簡単そのものだと、分かって少しは努力してください。

以上のことをよくよく分かって（信じて）、この「生命の歴史」をしっかり読んでください。そうすれば、みなさんは、二十一世紀のすばらしい教養を身につけたアタマのよい方と評価されていくはずです。

（2）自然を素朴にみてみよう

といったところで、本論の続きとなります。

たとえば、です。太陽の周りを回っている、地球と同じような他の惑星である水星や火星と地球との大きな違いとして、何か挙げるとしたら、何があるでしょう。

「えーっ。『とても数多くの種類の生き物に満ち溢れた、この地球という水と緑豊かな自然』って自分で言ったじゃない。それが大きな違いでしょ。」

それはそうなのですが、もっと視野を広げて太陽系の惑星を順序よく見てください。一つだけ違って見えてくるでしょう。それは、地球は自分の周りを回る特別な星（衛星）を持っていることです。「月」ですね、それは。

「お月様ですか？　そういえば、ＳＦ映画なんかでは、月の上でウサギがダンスなどしている！」

みなさんは夜空にこうこうと輝く月を見ます。こんな大きな月をもっているのは、太陽の惑星の中で地球だけだって知っているでしょう。月は「中秋の名月」とか言ってその風情を楽しむのも良いものですが、その引力でもの凄い潮の満ち引きが起こっています。そればかりではありません。生物の活動、とくに生殖にかかわる行動、身体のはたらきは、この月の周期にしっかり連動しています。そういう観察はたくさんあります。

たとえば、お彼岸のころ、満月の夜、海辺に行ってみたら、カニの大狂乱だったとか、満月の夜の熱帯ジャングルの猿たちの大騒ぎはよく知られています。ランの花が花開くのが満月の夜というのも聞いたことがあるでしょう。女性の生理は月の周期ですし、人間の赤ちゃんも満月の夜に生まれることが多いようです。

実は、生物の活動の、月の周期との連動は、昔からよく知られていることなのです。だから、自然に近しい生活をしていたその昔に、その植物や動物のはたらきの中身をよく分かるように、分かっていけるように、月に合わせる形での「コヨミ」すなわち太陰暦が作られることになっていったのです。

しかし、あらためて考えてみるとこのことは、とても不思議でしょう。そしてそれとともに、生物は地球だけにいて、その地球だけが大きな月を伴っている、しかも、月が生物の生き様に強くかかわっているという事実を、学者先生の話を忘れるようにして、素直にみることができれば、もしかしたら地球だけに生命が生まれたのは月と関係があるのではなかろうかと、素朴に思えてくることにもなります。実はその通りなのです。

また学者先生方の多くが、地球に生命が生まれたのは、地球には元々海があったからだと説いています。多分、みなさんもそう教えられたはずです。「母なる海」という言葉がありますが、これは、進化的に下等な生物がみんな水中の生物だから、という迷信から来た言葉です。つまりは生命は海で生まれたのだから、生命が生まれる前から地球には海があったと、アタマの中で適当につながるというわけです。これは怖いことですね。

どういうことかと反問されそうですね。答えは「だったら、なぜ、同じ太陽系なのに他の惑星には海がないのだろうと、みなさんは思わなかったのでしょうか」となります。しかし、このまま問いかけていくだけでは、ますます難しくなってしまうので、少し話を変えましょう。

水のない砂漠には生物は極々わずかで、水のあるところは生物が豊かです。つまり、生物がいるから地球に、水が保たれているということですし、水が保たれているから生物がいるということです。実際、生物は水なしでは生きられません。動物も植物も水を飲んだり、吸い上げたりして身体に取り込みます。取り込まなくては生きていられません。でも、その水がどこから来るのかをみると、私たちは、簡単に次のことに気がつきます。

一つは、天から雨や雪や霙として降ってくる、二つは、山から川として流れてくる、三つは、井戸で汲みあげる、水道の水を使う、です。それらの水を、動植物は取り込んで身体の中で使って、動物では体外に呼気とか汗とか尿として出しているし、植物はそのはたらきで空気中に水蒸気を蒸散しています。要するに、水と動植物とは一体の関係にあって、水がなければ生きることもできないということです。

ですから私たちの研究は、生命体は水と一体のものとして、つまり、「水を生みだすだけでなく、その水を使うことを必要として生まれたのではないのか」とまあ、このように、物事を素直に流れとしてみることから始まった、といってよいのです。これからお話ししていく「生命の歴史」は、そのようにしてその中身の謎めいたことがらが一つ、また一つとわかってきたのです。

（3）太陽系の中の地球、そして月を考える

それだけにまずは、プロローグとして、そのわかってきている「生命の歴史」とはどんなものなのかのお話です。これは「生命の歴史」という文字を読んだ時のみなさんが描くイメージとは、おそらく大きく違うと思います。一言でいえば、これまでの地球の全歴史において、そこに生まれた生命体＝生物のあり方を単純に連結して、それを生物の進化としてきた学説のあり方を、学問化すべく努力してきた中身を説いたものです。

端的には、現代までの世界中の学説（学問だとされているもの）を事実に即して、というより、唯物論と弁証法を用いて大きく学問化できた中身です。

「学問化して」などというと、これまた腰が引けてしまうかもしれませんが、わかりやすくいうと、その物事がなぜ、どうしてそうなったのかの、その物事、つまりモノやコトの中身は「なぜ、どうしてそうなっているの」を、学問の最高たる唯物論と弁証法という大切な理論を用いて追求し、理解できたことを、誰もが「なるほど」とわかるように理論的にやさしく説くもの、逆に言えばその物事を、その物事の実態（中身）を理論化していくという筋を通して説いてあるものです。つまり筋を通すアタマを持っていれば「なるほど、そういうことだったのか。ガッテン、ガッテンだ」になっていくのです。

一つ、実例を挙げてみましょう。

私たちが以上のことを、自然について、そしてそこから誕生した生命についての研究を実際に行っていったら、少しずつ、また少しずつとわかってきたのは、結果として太陽系の惑星の中でこの地球だけに生命が生まれたのは、太陽から飛び出した（飛び出させられた）火の玉だった「生まれたての地球」が、宇宙広しといえどもびっくりするほど稀に見る特異な、微妙な状況に偶然に置かれたからだったのです。その「びっくりとは」「稀に見る特異とは」そして「微妙とは」、一体何だとみなさんは思いますか。

とにかくまずは太陽系を、自分で地図として描いてみてください。描けなければ、どうにもびっくりできないので、なんとか教科書なり、ビジュアルブックなりで見てください。見ることができたら、せめて画用紙くらいの大きい紙に、火星まで（なぜ火星までで木星までではないのかは、いずれ説くことになります）を図示してみましょう。この場合大事なことは、大きさの比をしっかり分かって描くことです。何か分かってきたでしょう。

そうです。まずは太陽の大きさです。地球に比べて思った以上に大きいでしょう。それと太陽からの距離ですね。どうなりましたか。図示できて分かったなら、太陽と地球の引力関係、つまりどう引き合っているのかを少し考えてみましょう。

みなさん。おそらくみなさんは初めてまじめに、太陽と地球を関わりあるものとして心の中に描けたはずです。太陽と地球の大きさの違いにびっくりしたでしょう。人間は、何かを見るとき、自分に直接に関わるものとして見る場合と、授業で教わりながら見る場合とでは、同じものが違って見えることになります。少しそれますが、観念論と唯物論でも、同じものが大きく違って見えるのです。簡単には、「初日の出」を見る場合と、単なる「日の出」では、ココロのウゴメキも大きく違うでしょう。

それと同様に、「太陽が生命体をこの地球上に誕生させた！」として見る場合と、「太陽なんかなければ、このド暑さなんかなくなるのに！」と汗タラタラで見る場合とでは、どんなに太陽が違って見えるか、常識ですね。それだけに、「生命体ってなんだろう」と心の底から分かりたい人と、「試験に出たらイヤだな」と思う人とでは、地球だけでなく、太陽すらがいわばイビツに見えることになりかねないのです。

あまり詳しくなりますので、太陽そのもののことはこのくらいにして、「生まれたての地球」にとってもう一つ、微妙な状況があったことに目を向けてみたいと思います。これもすぐに分かりますね。そうです、地球には兄弟星みたいな月がいます。この月は眺めているだけでも、大きく変化します。十五夜、三日月、十三夜、いろんな名称があります。十五夜はまた満月とか望月とか呼ばれます。古歌にいう「この世をば　我が世とぞ思ふ望月の　欠けたることもなしと思へば」とか、「月月に月見る月は多けれど　月見る月はこの月の月」、これは中秋の名月ですね。「名月をとってくれろと泣く子かな」「うさぎうさぎ何見てはねる　十五夜お月さま見てはねる」などは知っているはず、ですね。

みなさんは、この月がどのようなものだか知っていますか。知っていると答えられる人も、本当のことは多分知らないと思います。理由は、月を物体として研究したことはあっても、地球の生命体との関係は、現在は忘れ去られているからです。証明はできます。

世界中の暦はほとんど太陽暦だからです。昔々は（といっても江戸時代まで、ですが）、暦は太陰暦が東洋（といっても中国、朝鮮、日本）では通常でした。理由は分かり易くは、日常の生活暦として役に立ったからです。春夏秋冬の季節の変化が、この暦でよく分からされてきたからです。でも現在の日本は違いますよね。それだけに、気象予報士が大変困っています。気候状態が農作物や園芸、加えて健康などにもどうにも合わないからです。

では、太陽暦を採用してきた欧米では、どうして問題が起きなかったのでしょうか。簡単には、東洋の世界ほどにはいわゆる「四季」がないからです。また、東洋以上の戦乱時代が長く長く続いたからでもあります。

以上説いたように、西洋暦（太陽暦）と東洋暦（太陰暦）の異なって誕生させられた理由は、少しは分かったはずです。ではどうして我国は太陽暦に変更されたのでしょうか。これは小学校の歴史で教わったはずです。明治維新で侍を止めて、町人と百姓に分かれたことからです。百姓を大切にしていた武士時代（士農工商）と違って、明治政府は町人を大事にするようになりました。簡単には文明開化として、西欧のすべての文化を取り入れるべく努力を重ねたからなのです。百姓ではお金儲けが難しいので、商業、工業といったいわゆる産業改革で文明国になる努力をしたのです。

当然にそのためには、西欧に合わせての産業活動が必然となります。これは暦を変えていくしかないのです。農業はいわば棄てられていくことになります。結果、百姓一揆なども起きるのですが、文明開化の旗印の下ではどうにもならないのです。これで、しだいに太陰暦は用いられることがなくなっていったのです。

こうして、月の大事なことも次々と忘れ去られることになります。日本中の人々が月を大切にしなくなった理由を説きましたが、なんのお話かというと、月を忘れた結果、日本の学者は月を大切にしなくなったということです。気象予報士も、地震学者も、台風の専門家も、月を忘れた地球の研究を行っていくようになったので、地球の天候に関わっての月は、頭の中に存在しないことになったというお話でした。

ここでまた、疑問が出ますね。「それがどうしたの、月なんかどうでも……」との反問がでるでしょう。

しかし、読者のみなさん。実はここからが本題なのです。みなさんは、太陽系の誕生にはあまりというか、全く興味がないでしょう。みなさんは、自分がどんな赤ん坊として生まれ出たのか、など関係はないはずですから。

しかし、です。太陽系の誕生のあり方は、生命の歴史にはとてもとても関わりがあるのです。理由は、私たちの太陽系の中の地球以外には、イノチを持ったモノ（生命体）は存在しないからです。

それだけに、どうしてそんな奇妙なことが起こったのかは、太陽系の謎を解くことによって、初めて可能となるのです。つまり、地球とは何物、そして月とは何物なのかを明白にできなければ、地球で起きてきた諸々のことがらについての証明は不可能なのです。それを解けなければ、研究者あるいは学者としてはなんとも情けないことです。なんのために、大学を出たのか！　なんのための研究者、学者なのかと……。

ここで、詳しい話は一休さん（ヒトヤスミ）としましょう。地球にだけ生命体が誕生したのは、太陽系の中で地球だけが兄弟星として月を持ったからだということについては、本論の中でしっかりとお話ししていくことになります。

（続く）

4 飛翔隊副長 北條翔鷹（現総長）への特別インタビューを通して見えてくるものは何か

新井 史子

目次

はじめに

（A）

わが武道流派は、五十有余年の武道・武術としての歴史を有しています。なぜ、わざわざ「武道・武術としての歴史」と枕詞を入れているのかといえば、そこには、大きな理由が存在するからです。

現在、たしかに、いろいろな団体が、武道とか武術とかの文字を使ってはいます。しかし、武の道、武の術としての鍛錬を行っている流派はあまり（ほとんど）存在してはいません。わが流派以外のほとんどはスポーツ団体だからです。

スポーツというモノは、どのような競技・体技であっても、単純に互いが鍛えに鍛えた独特の技の競い合いであり、それはけっして生命を賭けるという極限のものではありえません。簡単には、自ら生命《イノチ》を前面（正面）に押し出して、技を掛けることは絶対にないのです。これがスポーツ（競技）です。

しかし、武道・武術というものはそれらのスポーツとは大きく違い、自ら生命を賭けるそのことを武技として勝負すること、なのです。

その武道・武術の鍛練に、何十年もの人生を賭けて、実践してきた人の一人が、今回インタビューを行った北條総長なのです。それゆえ、このインタビューは特別というべきものですし、それだけに昭和の戦争時代はともかく、平成、令和の時代に生まれ、生きてきている人には奇異に映るかもしれないと思わないでもありません。

でも、です。みなさんが読まれれば分かるように、奇異より貴重な資料と言うべきでしょう。

私はこの流派に入門して四十年以上になり、長らくその運営にも携わってきました。この間にわが流派の武道空手の内実も大きく発展してきています。

とりわけ二十一世紀に入ってから、わが流派の指導の一翼を担っているのが桜花武道局の女性武道家たる朝霧華刃・神橋美伽です。

この二人は現代における初の女性武道家として大きく育ってきたばかりか、史上初の「女性のための武道の道」の著作である『護身武道空手概論』（朝霧華刃・神橋美伽著、現代社）をも出版するに至っています。加えて、世の方々には信じがたいレベルのことでしょうが、やがては哲学レベルの書すらモノしうる実力を把持してきました。

とはいえ、わが流派で学んでいる若い世代の会員であっても、わが流派がどのような困難、というより艱難辛苦といっても少しもオーバーではない歩みをなしてきたのか、そしてそれが現在のわが流派の実態（中身）にどう連なっているのかは、ほとんどの会員は知らないのでは……と思います。

それだけに、私としてはわが流派の大事な出来事といってよい程の事実を、わが流派の歴史を語り継ぐ場合の大切なこととして残しておきたい、そういう思いで北條総長のナマの声をお聞きしながら、筆を執ることにしたのです。

（B）

わが流派の歴史を振り返れば、発展の大きな契機となったのは、何といっても、実戦部隊としての飛翔隊が結成されたことだと、表面上は思われて然るべきでしょう。

ここで実戦部隊としての飛翔隊というのは、「二十代の初期から南郷継正の武道論をふまえた本物の武道・武術の実践を行い、他の武道流派との闘いが十分に可能となるばかりでなく、他の武道流派を圧倒する強さを身につける戦闘部隊となろうとして発足した若者達の部隊だった」ということでは、たしかにあるのですが、本当の中身は、もう少し別のところにあるのです。

ここは、南郷継正の直接の言葉を借りて説けば、以下の通りです。

「私は小さい頃から病気になりがちであり、それに加えて、超貧乏だっただけに、食べるものにも不足して身体は大きく育たずじまいとなり、かつ、小学校時代は、運動能力「ゼロ」とすべての先生に断言されたくらいの情けない弱虫（いじめられっ子）でした。

以上のことで強くなりたいとの願望だけは人一倍育つことになっただけに、大学生になってから、諸々の武術に熱中していき、それをどういうわけか学的弁証法を用いて己が独自の術として発展させ、かつ、あわよくば、文化と称される程の武術以上の武道にしたい、との志の結論が、本当の飛翔隊発足の理由だった。」

このことは、わが流派の会員には何十年来の常識というべきことですが、念のための証明の一つは、本年度（二〇二〇年）のわが流派のカレンダーでも見てとれます。そのカレンダーには、次のような文言が記された頁があります。

古代ギリシャの最高の学者アリストテレスはペリパトス（逍遙）学派と称される学園で弟子を指導していた。その学園が数十年前に発掘されたが、（それは）格闘技場を併せ持つものであった。

わが流派は、アリストテレスの学園にならって文武両道として設立されたことを忘れてはならない。
日本弁証法論理学研究会は、わが流派の指導者育成の基盤（参段ゼミ）として創出されたものだからである。その第一期生が、横田会長、本田筑波大学教授、斎藤東海大学教授である。『学城』はそこを原点として発展してきているのである。

ここで、右引用の最後の一文に目をとめてほしいのです。まじめに（素直に）この一文を読めば、「何だかおかしい気がする」となるはずです。それは、どうして「日本弁証法論理学研究会」という学問研究と思える組織が、武道流派の指導者育成の基盤（参段ゼミ）だったとなるのか、です。

答えから説けば、南郷継正の流派の出立は、武道文化の確立にあったからでした。武術を武道に育てあげることすら、人類史上の大難関である（このことは、武術を武道と説くのは、西洋文化には全く存在しないことで分かってほしい）のに、武術を武道となして後にここから武道を、人の道、人類教育の道となすことは易しくも、学的レベル、それも哲学レベルとしての武道文化へ発展することなど、無謀そのものといってよいからです。

ここでその「参段ゼミ」の実態を少し説いていくことにします。武道空手の実力を向上させるには、当然ながら、身体の武術的鍛練が必要となります。身体の武術的鍛練と一口で唱えることは簡単です。しかし、この鍛練なるものを、現代人で実践できた人は僅かしかいません。その理由は、現代に（昭和の敗戦後）本物の武術は禁止同然となってから、その復活をなしえた人は、ほとんどいなかったからです。

それだけに、武術の道というものは、いわばゼロから始めるしかなかったのです。これは大変なことでした。身体をどう鍛えれば、武術と称してもよいレベルになるのかすら、分かって（学習化して）いく努力が求められたからです。ここは当然に、世界歴史、日本歴史の学びから行う必要がありました。

これらの学びの実態として当初は、武術に役立てられる弁証法の学びとして始まり、やがて秘技、秘術、奥義を極めるべくの認識論の学びへと進化していったのでした。この学びの向上心が、僅か数年のうちに学者養成へと発展していき、遂には、『学城』という学術誌の発刊へと連鎖していったということです。

ですが、南郷継正はそれを二十歳にして大志として出立したのです。ここは南郷継正の著作のどれにでも、精読すれば誰にでも分かるように説いてあるので引用はしません。

端的には、武道空手の修練を弁証法の学び・適用の過程とし、弁証法の修学を武道空手の学びと修練の過程としていき、それと同時に武道空手と学的弁証法の相互浸透を図っていくという、それこそ、人類史上学問史上、ここを行ったのは、先のカレンダーの文言で引用した大哲学者であるアリストテレスただ一人（ヘーゲルは実践できなかった）だったことを実践していったからです。

たしかにこの頃つまり、二十歳頃の南郷継正が用いた弁証法は絶対にアリストテレスの弁証法でなく、もちろん、カントやヘーゲルの弁証法でもなかったことは、南郷継正の著作を精読していれば分かることです。

それが、四十代の頃には、アリストテレスの古代弁証法レベルを実力化し、五十代ではカントの二重性的弁証法、六十代になって、絶対精神の自己運動を弁証法そのものと成し、それを学問的に位置づけたヘーゲル弁証法を実力化したことは著作にある通りです。

南郷継正は時折、自らの歩みの内実について次のように語ることがありました。

「私が弁証法の修得を志して武道空手の修得へと共に出立していなければ、武道文化の確立は果たせなかっただろうし、また私が弁証法を学問の帝王として学び、一つまた一つと弁証法を武道・武術に学び修める形で体系的に実力化していかなかったならば、アリストテレスの学問、ヘーゲルの学問へは到底、辿りつくこと、つまり、哲学の実態を解明可能となることはなかったはずである」

ここを端的に、かつ、いみじくも語っている言葉があるので紹介しておきます。

なぜに過去の大半の学問が体系性を把持することができずに情熱的な論理性にとどまるのかの答えは〝そこに、その学者に、その学問を志した人たちに、そしてその道を歩きはじめた人たちに、学問を体系化するに必須の学的レベルでの弁証法的能力がなかったから〟という一語につきる。

これが、フィヒテやシェリングが、あれだけの情熱、才能がありながら、学問構築に大失敗した理由であり、弁証法的実力をモノにしたアリストテレスやカント、ヘーゲルがどうにか成功できたゆえんでもあるのだから。

（『学城』第一号「巻頭言」南郷継正）

ここを私なりに推測してみれば、南郷継正は、弁証法で頭脳を鍛錬し続けるとともに、武道・武術の鍛錬で、頭脳ならぬ「脳の実体と実態」とを併せ発展させえたのでは……、となります。

以上、わが流派に関して私なりに語ってみました。端的に要すれば、この飛翔隊の創設が成功してこその、わが流派だけ（といってよいでしょう）が武道空手としての大きな質的発展をなしとげ、そこを土台となしえたからこその、次なる世代、（それも南郷継正が、いみじくも予言していた二十一世紀は女性の時代であるとの言葉通りに）女性武道家の育成を目指して創設された桜花武道局への発展が可能となっていったということです。

そうしたわが流派の歴史の中で要となる飛翔隊の内実に関しては、『学城』に数回にわたって北條総長自身により執筆されたものが連載されてきています。しかし、それと肉声とは大きく異なるものがあるはずだ、との思いから今回特別にインタビューする機会をいただいたのです。

本稿ではその内容を紹介しながら、飛翔隊の修業過程の中身がいかなるものだったのかを追っていきたいと思います。飛翔隊発足当時は、大学生の身でありながらナンバー2たる副長という大役であったので、本文中は当時の肩書での登場となります。

何回も説いていることですが、わが武道流派は、世界最高峰の武道文化レベルとしての武道・武術を創出することを目的として成立した流派です。その中で南郷継正の理想とする武道の世界での現実化を、大きく担ってきたのが若き日の飛翔隊です。

では、南郷継正はどのような指導によって飛翔隊に（どのような）実力をつけさせていったのかということを明らかにしておくことが、これから武道・武術を学ぼうとする次世代の人たちにとって、とても大切なことになると思います。この具体的な事実を、北條副長（現総長）に語っていただきました。本稿が、そのような人生を生き抜きたい、他の人以上の人生をという思いを持っている人たちへの一助となればと願っています。

以下、インタビューの内容に入ります。

（一）北條副長が入門した当時

新井　飛翔隊副長だった北條先生が、登りつめられてとうとう現在は組織のトップである総長にまでなられています。そのような方に、お若い頃の出来事を語っていただくのは私にとっても大変にありがたいことだと思っています。

ですが、このインタビューの中では、失礼をも省みず、ズバズバとお尋ねすることになると思いますので、まずは失礼をお詫びしておきます。

最初の質問です。まず、ですね、総長が空手を始められたのは、いつ頃のことだったのでしょうか。

北條　その質問には、簡単に答えられます。

なにしろ私の人生を大きく変えるきっかけとなったことだったからです。それだけによく覚えているのです。私が空手を始めたのは高校に入学してすぐのこと、つまり一年のときです。

新井　高校に入学してすぐに、空手ですか！　私にしてみれば、それは本当のことですか、と聞き返したいくらいのなんともびっくり！　そのものです。

お聞きしますが、何か特別な理由があったのでしょうか。どんなことが空手を始めさせたのですか。

なにしろ、私の思いとしては、その頃の空手は全く武道でも武術でもない野蛮なことでしたし、南郷継正もかつて説いていましたが、この当時就職活動の履歴書に特技「空手」と書いた人は、即、不合格だとされたと聞いていましたので……。

北條　何か、大きな心の変化レベルでと思われての質問なのでしょうが、残念ながら、そのような何かまともな動機は全くなく、当時は高校に入学したてで、郷土の風潮として、高校生は喧嘩に弱いと高校生活をまともに生きていけないわけでしたので、とにかく喧嘩に負けたくないという思いで始めたわけです。

新井　喧嘩って、高校時代でも私は見たことがないのでどんな事をするのか、どんな闘いなのかよく分からないので、少し説明してもらえませんか。

北條　そうはいわれても、ですね。

そもそもとなってしまいますが、喧嘩の原因というものは、互いの利害や立場や意見などの違いで起きることが普通なのかもしれませんが、中学生、高校生などの場合は、その日の気分だけでやってしまうだけに、大きくもなれば口喧嘩で終わる時もあれば、捨てゼリフで去っていくこともあるので、一概には説明できかねるのですが……。

ただ、ですね。喧嘩は普通他人に見せるものではないものです。ですから、そこを説明しろといわれても、ですね。とにかく喧嘩とは、まあ簡単にお互いの「殴り合い」の連続ですね。だから殴るのを止めた方が「負け」となります。

そんなところでしょうか。

新井　少しずれてきたように思うので、本来の方へと話を進めましょう。北條総長が空手を始められた頃というのは、どんな生活だったのかに、私としては大きな興味があるのですが……。そこはとばしまして、突然な質問となりますが、『武道の理論』との出会いはいつ頃だったのでしょうか。

北條　南郷先生の著書のことですね。

それはもう私が空手を始めた頃は、『武道の理論』と『武道の復権』がとうに出版されていました。どんな経緯だったか忘れてしまいましたが、凄い本があると、『武道の理論』という書を紹介されたのです。「俺は空手だ。なんで『武道』、何で『理論』なんだよ」と、少し不審に思ったことは思ったのですが、「読め」といわれたので、とにかく読むことにしたのです。

新井　高校生だったのに、読まれたのですね。私からすれば、なんと凄いこと！　となるのですが……。よく読めたものと今ですら思いますが……。

それで読んでみてどういう印象を持たれましたか？　すらすら読めました？

北條　どういう印象といわれても、難しい質問ですね。たしかに読んだ当初は、まあ、難しい本というか、格調高いというか、少々戸惑ったというのが本当のところですが、しかし読み進めていくうちに、何といったら正しい表現になるか困りますが、結論としては、著者の南郷継正について「こんなにも自分たち不良少年のことを分かってくれる人はいない」と思ったのです。

新井　えっ！　私にはどうにも理解しづらいのですが、それはどういうことなのかを具体的に語ってもらえませんか。どうして不良少年がここで出てくるのですか。

北條　不良少年という言葉が出てくる必然性があるのです。それは当時、どういうわけか私などは学校の先生達から不良そのものの典型だと誤解されるタイプの少年だったからです。

何か、少し大人めいたこと、世間の常識から少しでもずれると不良とか暴走族とか大仰に見られてしまい、そこで仮に不良だと呼ばれた生徒というのは、どう弁解しても学校の先生達からはお前らは根っからの悪なのだといわれるばかりでしたから……。

それだけに私も先生達に対しては、何を立派なことをやっても、本当は裏があるとして、自分達のことなど絶対分かってくれることはない、という信念にも似た気持ちになるまで、追い詰められていたのです。

ところが『武道の理論』を読み進めていく中で、なんとびっくりもし、かつ、嬉しくも思えたのは、南郷継正は全く違っていて、不良少年というのは、単にどうしようもないワルではなくて、自分の心をぶつける場所がないのだ、それで結果として非行とか暴走とかという方向に走ってしまうのだ、といったことを説いているのです。

それを読んで「ああ、こんなにも自分達の気持ちを分かってくれる人は他にいない、このような人に教われるといいなあ」と思ったのです。

それだけに当時の私達の心は、「南郷教」と呼ばれるくらい、信仰に近いほど、南郷先生は絶対的存在に思えるようになっていったのです。

新井　少し聞きますが、その私達……というのはどんな私達だったのでしょう。できたら、もっと知りたいのですが。

北條　端的には、私が所属していた空手の道場の仲間達です。道場の仲間全員が、南郷継正が説くことなら本当に信じられるという信念に近い感情を抱くようになっていったのです。信じてもらえないかもしれませんが、その信念、信心たるや比べるものがないくらいでした。とにかく凄かった、としかいいようがない程のものでした。

ともかく入門当初は、そんな喧嘩の強さを求めての非常に幼いレベルから始まったわけですが、しだいに南郷継正の指導する武道空手というもののレベルの凄さ、崇高さとスケールの大きさを分からされることになっていきました。

（続）

5　学問構築の「弁証法・論理学の初歩的学び」の実際とは何か（Ⅰ）〔弁証法の基礎学び編〕

伊勢谷《イセタニ》　隆陽《タカヒロ》

これは二〇一九年夏のとある日、日本弁証法論理学研究会の初心者向けに、弁証法と論理学に関する基本中の基本としてなされた講義（の一部）である。

私たちにとって今更ながらといってもよい程のこの時期に、なぜこのような初心者向けの講義が展開されたのかについては、どうしても、理由の一つや二つを記しておく必要があろう。

第一の理由は、今回は日本弁証法論理学研究会に初めて参加する大秀才、いわゆる秀才的初心者が複数いたからである。改めて説くまでもないことであるが、学問構築を目指す初心者は、まずはその学的基盤となるべき弁証法・論理学の学問レベルでの基本をしっかりと身につけておくことが、必須である。

だが、である。これについては南郷継正が諸々の著作で説いてきているように、東京大学の学生を始めとする大秀才程に、この基本的実力が身についていない、というより、学んだこともない！　といった侘しい実状が何十年来ある。そこをふまえ、今回の入会者が、大秀才的学力の把持者だったが故の講義ということである。

第二の理由は、ゼミ入会後数十年の学者の中にも、次第にこの実力が落ちてきているのに自覚できていない傾向がみられるようになったからである。

そこで、初心者以外のゼミ参加者にとっても「今一度の実力養成のために、弁証法、論理学の基本からの過程を辿り返すことが大事である」として、『弁証法はどういう科学か』（講談社現代新書）を著わした三浦つとむ以上の弁証法、認識論、論理学の基本的講義が可能となった実力者であり、かつ、東京大学武道サークルの指導者でもある桜花武道局 朝霧華刃先生・神橘美伽先生による、弁証法・論理学の基本修学のための講義がなされることになったのである。

そしてそれは、以下に記すように、私たち一同が、唖然、呆然となった程の見事な講義の大展開がなされていったのであった。ありえないことではあるが、三浦つとむがこの講義を聞くことが可能だったなら、思わず、自らの弁証法の実力向上の学びの不足さに顔を赤らめたはず、といってもよい程のすばらしい内容であった。

(1) 弁証法的頭脳活動と対極をなすのが受験勉強的頭脳活動である

今回、初参加となった者たちは、そろいもそろって一流国立大学卒の、正真正銘のいわゆる受験的大秀才ばかりであった。このような受験的大秀才は、「弁証法的なアタマの働かせ方がなんともでき難く、弁証法を修得していくのが大変困難な頭脳の構造になってしまっているものだ」とは、南郷継正がよく説くことである。

かくいう私も、国立大学医学部時代こそ空手部での習練に励んではいたものの、大秀才とまではいえぬが、ともかく典型的な受験秀才、という有様であった。

受験秀才にとって、弁証法の修得が困難を極める理由は、受験勉強によって創られてしまった頭脳活動のあり方が、弁証法的な頭脳活動のあり方とは対極だからである。すなわち、どうにも相互浸透が不可能であると思うのである。

簡単に説けば、まず受験勉強では、どんな問題においても（である！）、必ず模範解答があり、その道筋が直接的なのである。そのために正解となる答えの導きだし方（道筋）を覚えたり、文章や文法、公式等をそのまま暗記したり、といった、いわばすでに解答のある問題を「解く」というより「覚えて、覚えたものをとり出す」ような記憶力的アタマの働かせ方ばかりを訓練してきているものである。

受験勉強とは、以上のようにすべて同じであり、司法試験や医師国家試験などは、その最たるものであろう。

ところが、である。その秀才的な解答が可能なはずの私が顔面蒼白となった弁証法とは、とんでもない、つまり弁証法的なアタマの働かせ方というのはとんでもない

（なかった）のである。簡単・端的に説けば、弁証法の究極は模範解答などといったものはどこにもない、つまりこの世の中にまだ解答が存在していない問題に自らの答えを自らが導き出すことが可能となる能力の養成であった。すなわちそれができるようになっていける修学なだけに、初心者には、その基本的、基礎的考え方は、そこから始まっていくのだといってよい。

読者諸氏の中には、弁証法の意味を以下のように考えた方がいるはずである。

「弁証法の文字を分析すれば、弁論（討論）を重ねることによって、ようやく証明できる方法である」となり、あるいは「弁証法とは、何が正しいかの証明は、弁論を重ねることを通してしか、できないのである」となる通りなのである。

これは、ヘーゲルが『哲学史』で「プラトンの弁証法は滅ぼし合う対立の統一の流れである云々」と説いていることで分かってもよい、はずの「こと」である。

実際に南郷継正はそれを実践しながら、弁証法の実力を培っていった過去があるという。

例を挙げれば、以下のようにである。

「武道とは何か、空手とは何か」、「それまで強者のものでしかなかった武道を弱者のものたらしめるにはどうすればよいのか」、「なぜ空手の本来は中段技が基本となるべきなのか」、「なぜ空手の引手はこの位置が妥当なのか」、「なぜ柔道は誕生時とまったく違ったものになったのか」、「なぜ剣道は刀は使うが剣は使ったことも使うこともないのにどうして平然とカタナではなくツルギの文字を使い、それで剣道といって恥じることはないのか」、「なぜ宮本武蔵が兵法と説いているのを作家たちは剣法と書くのか」……など、無数にあるとされる。

これらは、南郷継正は弁証法の学びとして、当時は誰も疑問にも思わないことを疑問に思われ、どこにも答えのなかった、誰も答えを出せないし、出そうともしていなかった問題に答えを出し続けてきたというのである。

そうして現在では、南郷継正の指導を受けた者は、努力すれば誰しもが当たり前のように武道空手・護身武道空手の上達を得ることができる……実際に、歴史上女性初となる論理的武道書『護身武道空手概論』（現代社）を著した朝霧・神橘両先生も、南郷継正の指導を受ける前は、体力も運動神経もない、また執筆する実力もなかった普通の女性、というより普通よりも素材に乏しい女性であったと聞いている。

そのような状態からなぜここまでの発展が遂げられたのか、それこそが、南郷継正が自身の武道空手とともに創りあげてきた、弁証法の実力のなせる業なのだと心から思わされる。

しかしこう述べてはみたものの、まだまだ受験秀才レベルの頭脳でしかない私には、これも像や実感の伴わない「知識として」しか分かっていないのであろうか……とも思う。

実をいうと、このような「受験勉強の弊害」や、自分自身が知識バカの受験秀才なのだということを自覚することは非常に大変であった。否、今でも本当には自覚できていないのかもしれないが……。

弁証法の定義に関しては、左のように実に様々なものがある。

① 弁証法とは対立物の統一である
② 弁証法とは両極に位置している右と左、上と下、北と南等々である
③ 弁証法とは自然・社会・精神の一般的運動に関する科学である
④ 弁証法とは矛盾に関するものを扱うものである
⑤ 弁証法は以下の三つの法則に帰着する
　㋑量質転化　㋺相互浸透　㋩否定の否定

等々が列挙できる。

だが、しかし不思議なことにエンゲルスの書物には、対立物の統一という言葉はどこにもない！　のである。では、誰が最初に用いた（創出した）かは、大革命家だったロシアのレーニンである。彼は『哲学ノート』とされる著作で以下のように説いている。「弁証法は簡単には対立物の統一の学説と規定することができる」。これが最初であると私には思える。

ともかく、以上のように弁証法には全く諸々の文言があり、人によってそれぞれに用いられるだけに誰にも難しいとされるのであろう。

そこで、であるが、南郷継正の言を借りて文体化して説くならば、以下のように（とても難解ではあるが）明快な解答となる。

弁証法とは、自然・社会・精神の一般的レベルの運動

性に関わる・運動の一般性に関わる学であるが、その本質レベルからすれば一般的矛盾に関する学であり、本質レベルの構造に立ち入れば、対立（物）の統一に関する学である。

以上をもう少し説けば、万物＝森羅万象に関わる事物・事象の運動・変化の一般性の本質が矛盾であり、矛盾の構造に対立（物）の統一がある。その対立（物）の統一の構造の具体性の一般性として弁証法としての三法則が存在するのである。

もちろんこの説明は、学的レベルから説いたものであるから、事物・事象の具体性からするならば、その具体的な運動・変化性の中に量質転化の一般性や相互浸透の一般性、否定の否定の一般性が法則レベルで発見されるということである。そして、これら三法則の構造に対立（物）の統一が存在し、その本質が矛盾ということになるのである。

（2）初心時の弁証法の学び
――学びの始まりは弁証法の三法則から

今回のゼミでは幸いなことに、単なる身体力、頭脳力しかなかった三流レベルの女性だった朝霧・神橘両先生が、理論的武道空手家を志して修業生活に入った時点から、いかにしてあのような弁証法を駆使できる頭脳を創出していったのかについて、その実践を具体的な事実をもとに、多岐にわたって講義されていった。

以下はその一部である。

朝霧　初心者が弁証法を学び始めるときに、とにもかくにも大切なことがあります。それは、弁証法の三法則、端的には「相互浸透」「量質転化」「否定の否定」の三つです。

この三法則について、みなさんがよく知っている武道空手の例で考えてみればよく分かることです。例えば、初心者にとっては武道空手の突きや蹴りはこれまでに育ってきた「身体の使い方にはない動き方そのもの」が大半になるので、意図的に繰り返し練習をする必要がありますね。それと同じように、最初は弁証法も型（いうなれば三法則も考え方の型です）に当てはめて何度も繰り返し意図的に考えていく必要があります。

私自身、まずは三浦つとむさんの『弁証法はどういう科学か』の三法則の部分を読むことから始めたのですが、いくら文章を繰り返し読んでも何とも意味がよく分かりませんでした。いくら字面《ジヅラ》を追ってもどうにも本当の対象としなければならない像が描けずじまいで、全くと言ってよい程に分からないので、ここは字面ではなく、三法則そのものを自分の日常生活に当てはめ、そのイメージを創っていって、分かろうとしました。結果的に、これが一番よい学びの方法だったのです。

この世界一般は、弁証法性に貫かれているとよく言われます。しかし、ここは初心者には、非常に分かりづらいはずです。少し説く必要がありそうです。

弁証法という概念（本当の意義）は、エンゲルスが三法則としてまとめたことによって常識的なものに変わることになりました。そして、この三法則はどのようなことなのかも、エンゲルスによって創出されることになったといっても、間違いありません。ですが、このエンゲルスは、弁証法のことを、別の言葉でも説いているのです。それは次の文です。「弁証法とは、自然・人間社会および思惟の一般的な運動＝発展法則に関する科学」。初心者がこれを読むと、「エーッ！」となるはずです。

ここは簡単に説明しておくべきです。「弁証法とは、自然・人間社会および思惟の一般的な運動＝発展法則に関する科学」という場合は、世界を一般的に眺め、とらえ返した場合の世界の変化を運動＝発展ととらえる学問を弁証法というのだ、ということです。

では、それを三法則にするのはどういうことかが問われてきます。

三法則とは、この世界の一般的な変化を法則レベルでとらえるとこの三つの法則に分けられる、とするのです。一般的にとらえれば、発展、運動という概念になり、これを構造的具体性で三法則としてとらえられる、とするのです。これはエンゲルスの偉大な発見なのです。

でも、なのです。でも、ここのところを誰もが、分かることができなかったのです。それだけに、いまだに世界中で混乱しています。ですが、このエンゲルスの一般的規定を用いて、この世界は弁証法性に貫かれているのだ、と説いてよいのです。ですから、つまり、です。日常生活も全世界の一般性の中にあるだけに、弁証法は自分の日常生活の中にある弁証法性で理解するのが一番よいのです。

私にとってそうでしたから、みなさんにとっても特に日常生活の家事仕事では変化発展がみてとりやすくて、弁証法を分かるのにとても役立つと思います。私が実践してきた日常生活での研鑽は、武道空手の上達だけでなく、古代ギリシャの学問の理解にも大きく役立っていったのです。

ではここを、現在武道空手の合宿生活を送っている数名の私の弟子に問うことから始めます。

以下、問答である。

朝霧　では……例えば日常生活での洗濯を弁証法で説いてみるとどうなるか、です。合宿生活に入って家事にとり組み始めたY君、何か言ってみて。

Y　はい。洗濯でみるとしますと、今は全自動の電気洗濯機もありますし、洗剤もあり、ボタン一つで洗って脱水までしてくれます。けれど、それを過去にさかのぼってみると、洗濯機はなくて、石鹸もなかったと思います。桶や盥を使って、手で洗っていたと思います。

朝霧　まあ、そうだけど、それは弁証法で言ったら生成発展の一部だよ、ね。今は三法則から始めるのがよいという話をしているのだからそこを分かって、答えてみよう。では、と。相互浸透の面から洗濯を説いてみて。

Y　例えば、道衣を洗うとすると、洗濯する行為と手が相互浸透して、手が強くなっていき……。

朝霧　えー、何と、何が、相互浸透するって？

Y　……道衣と、水が相互浸透をします。

朝霧　えー、相互浸透の説明はそれでいいの？　相互浸透の意味が分かっていない気がする。K君に聞くけれど、『弁証法はどういう科学か』ではどのように書かれている？

K　対立物が媒介関係にあると共に各自直接に相手の性質を受けとるという構造を持ち、このつながりが深まるかたちをとって発展が進んでいくことです。

朝霧　さすがは大秀才。理解はできていなくとも文字だけはしっかり覚えている。だから君は受験勉強ができるんだよね。

そうはいってもまずは今K君が言った基本が絶対に必要。まずはこの基本となる相互浸透とは……との一般論を理解して頭に入れることが大事。

しかし、ただ文字を覚えただけで終わってしまったらそれはまったくの無意味であり、弁証法は一生使えるようにはならない。この一般論が個別の事実でいうとどういうことになるのかを考えて、考えて考えて、何年も考え続けていくことでしか、弁証法をモノにすることはできない。この一般・個別についても相互浸透のところに説かれていたと思うけれど、それは話がそれるので後にしようか。
それでは洗濯での相互浸透、T君、何かない？

T　道衣の生地と、水の相互浸透で……。

朝霧　えー、何と何が相互浸透？

T　……道衣の汚れと水が、相互浸透します。

朝霧　そうでしょう！　汚れた道衣を洗濯をするわけだから、道衣の汚れが水と相互浸透するから、汚れた道衣からキレイな道衣になるという変化を遂げるのでしょう。少し難しかったかな。
ではもう少し別の例で、料理で考えたらどうなる？　料理は弁証法だらけでしょう、M君。

M　例えば味噌汁を作るときに、鍋に水を入れ、火にかけて、次第に水が温まり、泡が出て、沸騰していきます。そこに味噌を入れたら味噌汁になります。

朝霧　あのさ、手順を聞いているのではないんだけど……。それで、相互浸透は？

M　火と水が相互浸透して……。

朝霧　え……火と水、それじゃ火が消えちゃうでしょう！　味噌を入れるところは分かりやすそうでいいと思うけど？

M　お湯に味噌を入れると、相互浸透します。

朝霧　え、いつもお湯に味噌を入れるだけで相互浸透するの？

M　いえ、味噌をお玉に入れて、箸とかスプーンで溶かします。

朝霧　そうでしょう。端折らずに、いつもやっている通りのことを言語化しなさい。端折れば端折るほど、弁証法性は消えていきます。その証拠に、それって本当に味噌汁といえるの？　具は？　具なしで味噌汁なの？

M　すみません、具がありませんでした。普段は鍋を火にかけている間に具を切っていき、根菜など硬いものから順に入れて、最後に葉物を入れてから、味噌を溶かします。

朝霧　うん、でもそれ、マズそうだね。出汁は入れないの？

M　出汁を忘れました。いつもはまず煮干しなどで出汁をとります……。

朝霧　おいしい味噌汁を作ることを考えると、煮干しであれば水に入れて一晩おかないと。具も切り方によって味が変わるし、鍋に入れる順番もある。野菜も出汁もそうだけど、水から煮た方がおいしいものと、沸騰してから入れた方がおいしいものがあるでしょう。他にも、味噌を入れた後は沸騰させない方がいいとかさ。

M　分かりません……。

朝霧　普通知っていてもいいと思うんだけど。話を戻して……、そうやって具材などが入っている状態で味噌を溶かすとして、そこの相互浸透を説明してみて？

M　お湯と味噌が相互浸透します……。

神橋　ははは、さっきと全然変わらないね……。先程から聞いていると、みんな相互浸透という言葉を使って、それで誤魔化してしまっているよね。相互浸透という言葉を使えばなんでもかんでも相互浸透になるのか？　そんなことはありえない。弁証法という言葉を使えばすべて弁証法的になるのか？　そんなことはありえない。

逆に、弁証法という言葉を使わなくても、きちんと中身に弁証法性が帯びていればそれは弁証法的といえるのだから。同じように、いくら相互浸透という言葉を使っても、中身が伴っていなければそれは相互浸透と言ってはいけない。

改めて、相互浸透とは何か。対立物、つまりあるものとあるものが、お互いにお互いの性質を受けとりあう、その受けとりあうことが繰り返されていくことによって、お互いがお互いになっていく。そうしてやがて切っても切り離せない一つのものになる。

そのときには元の性質とは完全に違ったものになっていて、しかももう元の状態には戻れない。ここまでの過程を辿って初めて、相互浸透といってよいです。

私も弁証法を勉強し始めた頃はよく分かっていなくて、最初の洗濯の例であったように、道衣が水で濡れたら道衣と水が相互浸透している、とか思ったりもしました。

もちろん初心者は間違っていても、まず考えることが大事なので、最初はそれでもいいですが、本当はそうではないでしょう？　相互浸透というからには、お互いがお互いの性質を受けとって、別のものにならなくてはならないのに、道衣が水で濡れただけでは道衣は道衣のまま、水は水のままです。絞ったり乾かしたりすれば、道衣は道衣に戻り、水は水に戻れるのだから。

ここについて、どうしても相互浸透といいたいのならば、せめて水に濡らしただけでなく水に濡れた道衣がゴシゴシと何度も何度ももまれることを思い浮かぶようにしなければなりませんし、このようなことを考えていくと、同時に量質転化も考えていたりするのですよね。

話を戻して、洗濯で相互浸透を考えていくならば、例えばまずは洗濯をする水の量に見合った量の洗剤を入れて撹拌する。そうすると、洗剤が水に完璧に溶け込んで一つになる。これは、水にとっては、洗剤の水に溶け込むという性質を受けとった結果であり、洗剤にとっては、水が自分を溶かし込む性質を受けとった結果です。そうして、それまでの水でもない、それまでの洗剤でもない、洗剤水ができあがるわけです。

この過程を余すことなく自分の頭脳の中で鮮やかに思い描けて、そしてそれをきちんと言語化できたなら、相互浸透という言葉を使ってもいいのです。この洗剤水を作ったところから、真っ白に干しあがった道衣に仕上がるまで、何と何の、どれだけの相互浸透の過程があるか……、気が遠くなるかな？　私は楽しくなるけどね。

念のため、味噌とお湯のところも少し解説しておくと、味噌が自分を溶かし込む温かいお湯を受けとっていくことでお湯化した味噌になっていき、お湯も自分に溶け込んでいく味噌を受けとることで、味噌化したお湯になっていく。そうして十中八九の人が、これは味噌汁だと認める濃さになるまで相互浸透させて、それでやっと味噌汁と呼べるようになる。

一つ言っておくけれど、これは味噌汁を作る一連の過程の中の、お湯に味噌を溶かすという、ごくごく一部をとり出してみたにすぎないのだからね。いってみればこれは、小学一年生の一桁の足し算レベルでしかない、ザ・単層弁証法。

だって、他にも味噌汁のお湯の量とか、味噌の量とか、お湯の温度、もっと言えば味噌の温度や外気温、水温の変化の具合、具の量や種類、切り方や煮え具合、鍋や器具の種類と使い方などによっても相互浸透のあり方は変わってくるのだから。そういった周りをとり巻くすべての事実があって、それらそれぞれの相互浸透もあったりなかったりして、そういった中で、お湯と味噌の相互浸透が起こされるのだから。

背後に幾重にも重なっているすべてをみてとって考えられるようになってようやく、重層弁証法の端緒につけるようになっていきます。そういった諸々の条件を無意識的に駆使できるまでになっているのが超一流の料理人でしょう。もちろん相互浸透についてだけ、では話になりませんが。

でも、初心者は小学一年生と同じようにこのレベルからしっかりと分かっていくことから始めなければ実力が積み重ならないので、これでいいのです。日常生活の中でこういったレベルのことをしっかりと考えていけば、他のこともどんどん弁証法的に考えられるようになっていきます。

朝霧　そもそも、このように日常の中の例で弁証法を考えろと話すのはなぜか、ゆくゆくは自分の専門分野で弁証法を自在に駆使できるようになっていき、その実力でもって自分の専門分野を学問化できるようになるためですよね？

私でいえば、私の専門は武道だから、日々の武道空手修練の中に弁証法を当てはめて考えるようになりたいと思いました。ですが、これが難しい。

相互浸透について考えてみても、そう簡単にすぐには目に見えるような相互浸透は起こらないし、量質転化について考えてみても、日々変わったような変わっていないような……、よく分からないものでした。

ですがこれも実践し続けていれば、いつか分かる日がやってくるのです。例えば骨の鍛錬として立木を蹴ることを続けていくと、木はだんだんと枯れていくものが出てくる。自分は足を中心とした骨と、皮膚や筋肉、精神までもがだんだんと強くなっていく。そうして木は元の木に戻れないところまで変化し、自分の身体と精神は最初とは全く違った性質を帯びたものになる。

歳月をかけてそこまで到達して、なぜこのような変化が起きたのかを振り返ってみたときに、あぁ、そういうことだったのかと改めて実感できるようになりました。

神橋　今の話のように、本当に変わったといい切れる変化を遂げなければ相互浸透したとはいえず、変わるまでの過程は相互浸透化でしかない。みんな簡単に相互浸透という言葉を使うけれど、相互浸透はそんなに簡単に起こるものではないということを分かった方がいい。

話はそれますが、私の弁証法の学びは、厳密に言えば三法則からだけではなく、生成発展からでもありました。つまり、すべてものは変化する、この地球も初めから今の地球があったわけではなく、宇宙の生成発展から太陽系の誕生を経て、すさまじい歳月をかけてすさまじい変化を遂げて、今のこの地球に至ったわけですが、その生成発展の過程をまるで映像を見ているかのようにしっかりと頭脳に描けるという能力、そんな能力に憧れて、何を見てもその元々の姿はどんなだったか、どんな過程を経て、今の状態に至り、そしてこの後どんな変化をしていくのか……を考えるようにしていきました。

そうして生成発展という視点で物事をみていくと、その変化過程の中に、あ、これはこういう相互浸透があったのだろうか、こんな量質転化があったのだろうか、否定の否定ではこう説明できるだろうか、というように考えられるようになっていきました。

それでも、日常生活の中でならある程度考えられるようになっていっても、専門となる武道や空手では私もなかなか分からず、当然ながら苦しみの毎日でした。それでもとにかく、無理やりにでも当てはめて考えてみたりしました。

なにせ弁証法には正解がないのですから初めはそれでいいのです。なぜなら、そのときそのときの条件次第で答えは千変万化するものだから。

初めから正しい答えが導きだせる人などいません。まずはデタラメでいい、間違っていていいから、とにかく考えること、考え続けることが大事です。初めから喋れる赤ちゃんがいますか？　初めから立って歩ける赤ちゃんがいますか？　初めからできてしまうとしたら、それこそ間違いです。

それなのにお勉強のできる大秀才たちは、初めから正解の言葉をほしがる。自分の出した答えが間違うことを嫌がる。だから弁証法がものにならないのです。

以上は、ゼミの場での弁証法的問答である即席的問答（つまりやりとり）である。弁証法の学びとしての問答とはここまで丁寧にみていくべきものなのか！　と驚嘆させられっぱなしであった。

「自分自身が関わる現実の中で、事実の中にある変化の過程を弁証法の三法則に当てはめて、何がどのように変化をしているのか丁寧にみてとる努力を続けることで、次第に弁証法的にみてとる実力がついていく」というのは、今までも繰り返し説かれていることである。

しかし、である。私自身の実践を振り返ってみると、悲しいことに神橘先生からの指摘にあったように「何と何が相互浸透して」という言葉で分かったつもりになっていて、その中身はどんなこと、どんなものなのか等々を考えることなく終わっていたし、「すべてが変化してみえるようになるように」というレベルに到達したいとの覚悟もなく、少し思って（「考える」ではなく）みては中断し、また少し続けてみては中断し……というていたらくが実際であったように思える。そんな調子なのだから、自分の専門である医療の現場で弁証法的に……と考えてみても、当然うまくいかない日々の連続であった。

このようなアタマ創りは本来ならば医者になってから始めるのでは遅いので、学生時代からごく一般的な、身近な病気でアタマ創りをするべく、望診や聴診、触診、問診などを通して問いかけていったつもりであったものの、未だにその問いかける実力も不十分であり、問診での問いに対する患者の答えが本当のことかどうかも分からないことも多々ある。

確かに患者は「病気になった」という量質転化をおこした状態で受診するわけであるが、何と何が、どのように相互浸透して病気になったのかの変化の過程における事実は、直接は目で見ることができないのであるが、病気に至るまでの変化の過程を、何がどのように変化してきたのかの一部始終をアタマの中でみてとることができてこそ、本当の診療ができているといえるのだと思う。

ただ、実際の診察の場面は、武道空手でいえば組手の場面であり、弁証法を駆使して組手をするというのはとても自分には手の届かない、相当に高度な能力だと思える。武道空手の達人の闘いというのは、五体を達人的に駆使して「動けば技になる」レベルにまで到達しているものであり、これを医者でいえば「診れば診断・治療できる」というレベルなのではと思う。

そのレベルにいつの日か辿り着けるためには、講義で説かれたように日常的な現実を対象にして、興味を持って日々とり組んでいくことであり、診察の最中は分からなくても、患者の中でどのような出来事があって、何がどうなって今の病気に至ったのかを、後で必ず振り返って考えることを続けなければならないのだと、思わず気を引き締めたことであった。

（続）

6 新聞はいわば「社会の日記」である
——知識人がまともに新聞を読むべき理由は何か

河合剣吾

目次

はじめに

新聞、と聞いて「私には関係のない話だ」と思った人も多いかもしれません。若い人は知らないかもしれませんが、日本のどこの家庭にもテレビがあるように、一昔前まではたいていの家庭が新聞をとっていました。

後で触れますが、もともとの新聞というものは、社会の中で新しい世界を拓きたい、社会を改革したいとする急進層が発行しかつ読むものでした。ところがです。日本では全く違った歴史があるのです。それは、すごいことに一昔前の日本では、誰しもが読むものだったからです。いつ頃かというと、昭和の中頃から平成の初めの頃にかけて、日本はどういうわけか、「一億総中流社会」といわれるほどの豊かさを誇っていました。ここをざっくりいえば、一億総中流社会＝一億総新聞読者＝一億総知識人という構図だったのです。ですが、このもともとの原点は、明治時代の文明開化を推進させる政界のみならず軍隊ですらが文字を必要としたというところにあります。とくに軍隊では、西洋式の陸軍にするためにどうしても文章が書けることが最低限必要とされたのです。それで、なんらの知識も無い農民たちが軍隊に入った途端に『陸海軍軍人に賜はりたる勅諭』を始めとする諸々の軍隊に必要な言葉を強制的に学ばされていったということがあります。それだけに日本では小学校の学びが義務とされて、しっかりとした国民的基礎知識を六年ないし八年学ばされるという過去があったのです。そういったことが底流にあったおかげで、その成果の一つが先程のような一億総中流社会を生む根本になったということを忘れてはなりません。

以上のことはともかくとして、つい数十年前までは、日本でごく普通の生活をしている人はみな新聞を読んでいて当たり前、新聞の知識は当然の常識といっても過言ではなかった時代でした。

ところがです。現在は天下の東京大学の学生ですらが「ニュースはスマホで見ているから大丈夫」というとんでもない非常識なことが常識という事態になっています。ですが、本稿の主題にも記したように、新聞はいわば社会の日記ですから、現代の東京大学を始めとする秀才たちは日本の社会だけではなく、世界中の社会の出来事をしっかりと学ぶことを嫌がっているということになるのです。ここまできたら、なぜだと怒り出す人もいるかと思います。そこで、まずは新聞なるものがどのように生まれ、どのように発展してきたのかを見ることにしましょう。

一　新聞の歴史

新聞に類するものが誕生したのは、古代ローマ帝国が最初だ、といわれています。「アクタ・プブリカ」「アクタ・ディウルナ」と呼ばれたそれは、時の為政者がつくったもので、いわば「官報」のようなものであったと考えられています。『新聞の歴史～権力とのたたかい』（小糸忠吾、新潮社）によれば「アクタ・ディウルナは、掲示板に張り出された。案の定その人気は上々。抜け目のないブン屋が、これを筆記して持ち帰り、何百もの外国人奴隷に口述、筆記させ、ローマの家庭、荘園の貴族、富豪、遠征中の将軍などへ配達した。この新聞は、カエサルが独裁者になった前四五年には、日刊紙になった」とのことです。

これらの新聞の先祖とされるものは、ローマ帝国の衰退とともに廃れてしまいました。再び西洋で新聞が普及してくるのは、十七世紀以降のことになります。

つまりは近代的な新聞は、西洋における資本主義経済の発展に歩調を合わせるように普及していった、ともいってよいでしょう。こうして中世末期から近代に至る激動の時代に成長していった新聞は、（国王などの）支配者からしばしば重税を課され、あるいは検閲を受け、場合によっては発行停止処分を受けたとされています。これは、この頃の新聞はたいていの場合、支配階層からではなく下の階層から、つまりブルジョアジーから生まれたことを、そして国家は何とかしてそれを管理下に置こうとしていたことを示しているといってよいでしょう。

社会のあり方が大きく変わっていく中で、主としてブルジョアジー層がその社会の動きを把握し、時流に乗って生活していくために、新聞が必要だったのだとみていいでしょう。その新聞には作り手が必要ですが、それは誰にでも務まるというものではありません。読者たる新興ブルジョアジー層に匹敵する、ないしはそれを上回る教養が必要とされたことでしょう。実際、それなりの教育を受けた文化人が、新聞の編集にあたっていました。かの大学者ヘーゲルも一時期、新聞の編集に携わっていましたし、若き日のマルクスが「ライン新聞」の主筆（編集長）を務めていたことは有名です（『人と思想20　マルクス』小牧治、清水書院）。

そもそもこの時代、文字を読める人はそれだけでエリートだったといえます。一言でいえば「超エリートが作り、エリートが読む」のが当時の新聞でした。

日本では江戸時代、不定期ながら新聞の前身ともいえる「瓦版」が発達していきます。そして幕末、欧米諸国のいわゆる民本主義、民主主義などの人間平等論の影響を大きく受けて新聞が生まれてきました。つまり日本でも当初は、政界財界と関わりが無い低辺層の人々が新聞を発刊し、またそれらの人々が主な読者でした。簡単には「都新聞」「万朝報」といった類のものが世間を騒がせていました。そうした中で明治七（一八七四）年、「読売新聞」が創刊されました。この「読売新聞」の特徴は、その時代のいわゆる大新聞たる知識人向けの新聞と違って、紙面の漢字に読み仮名をつけたことです。そうして、婦女子にも分かる紙面作りを宣言したおかげで、現代の大新聞となっています。この時代の特徴を一つ記すと、大新聞に対する小新聞の二つの流派があったようです。

「大新聞は論説を掲載し、『政論新聞』の名前のように政論が中心だった。小説は載らなかった。一方、小新聞は市井の話題、警察ダネが多く、小説が載った。論説はなく、政治に関する記事は少なく、載ってもごく短いものだった。したがって大新聞と小新聞では読者層が異なった。大新聞は士族や上層平民。小新聞は商人や職人などの庶民に読まれた」（『幕末明治　新聞ことはじめ』奥武則、朝日新聞出版）

つまりもともとは、大新聞は社会を大きく変えたいとする人々の政治的な論説が主だったのですが、そういった論文の隙間を縫うかのごとくに、引用したように町中の話題を中心とした小新聞の登場で新聞というものが社会改革を目指す者だけではなく、低辺層の庶民レベルの鬱憤晴らし、暇つぶしというかたちにもなっていくのです。しかしながら、結果的にはこの後大新聞の論説と小新聞の庶民ネタとの融合が進んで、現在は大新聞の中に小新聞の中身があり、小新聞の中にも大新聞の論説的なものが紙面を飾るようになっているのです。

二　新聞で世の中を俯瞰する

さて、新聞にはいったい何が書かれているのか、ざっと見てみましょう。朝日新聞や読売新聞といったいわゆる全国紙の場合、一面および二・三面、場合によってはその次の面くらいまでが総合面となっており、特に朝刊の一面にはその日の（正確には前日に起きた）国家の重大事といえるニュースが並んでいることでしょう。特に一番右上にある一面トップ記事は、国家にとって（場合によっては国際的に）最重要と思われるニュースが載っているはずです。例えば「○○法が成立」「○○内閣総辞職」といった政治的な話であり、または地震や台風で多大な被害が出たという社会的・政治的な話であり、○○教授がノーベル賞受賞といった科学的・国際的な話かもしれません。重大な記事であるほどに一面だけでは記事が収まりませんから、二面以下の総合面に、また社会面や経済面といったその事柄にかかわる面に関連記事が掲載されることになります。

そして新聞をめくっていくと、一面を含む総合面に続いて、政治面、経済面、外信（国際）面、運動（スポーツ）面、科学面、文化面、社会面などの専門に分かれた面があるはずです。これらの面に対応するように、各新聞社には政治部、経済部、外信部、社会部などがあり、それぞれの部に専門の記者がいます。これらの記者の総数は、新聞社ごとに数百人ないし千人以上いて、これは民放テレビ局よりもかなり多いといえます（テレビ局は撮影や中継といったスタッフを多数抱えていますが、NHKを除けば記者の数はさほどでもありません）。

記者の数が多いということは、それだけ新聞社内での競争もあり、記事の手厚さ・質の高さにも直結しています。先に、新聞はもともと下の階層の中から出てきたエリートが作ったもの、と述べましたが、現代においても新聞記者の多くは一流大学卒で、一通りの知識を大学までの教育でしっかり学んできた上に、あちこちの現場で取材し、実社会の荒波にもまれて、社会とはどのように動いているものなのかを実体験として理解していきます。そうした記者たちが数百人、ないし千人規模で束になって書いているのが新聞記事なのです。

新聞社は朝日、読売、毎日……と「全国紙」と呼ばれるものが数社あり、各地方紙もあれば各新聞社に記事を提供する共同通信、時事通信もありますから、各社の記者同士はより正しい情報をより早く得ようと、（手を結ぶこともありますが）互いに激しい取材競争を繰り広げています。皆さんも「夜討ち、朝駆け」という言葉を聞いたことがあるかと思いますが、そうしたものを始めとして地道な、あるいは奇想天外な取材方法がいろいろと駆使されているのです。

そうして記者がつかんだ特ダネ（自分の社だけがつかんだ独占情報）でもすぐに掲載できるわけではなく、通常は「裏取り」といって別の当事者にその情報の正否を確認する作業が求められます。複数の関係者に事実を確認した上でようやく記事化されるわけで、だからこそ読者は新聞に載った情報を信頼するわけです。それだけに、例えば国会でも「本日の○○新聞にこういう記事が載っていましたが、これはどういうことなんですか」と、新聞記事をもとにした質疑が行われたりもします。なんといっても、新聞として活字化されたものは後々に残りますから、うかつなことを書くわけにはいかないのです。時々、新聞紙面に訂正記事が載ることがありますが、裏返せばそれくらいしか訂正すべきものがない、という正確さの証でもあるのです。

さて話を戻して、記者たちの書いた原稿はただちに新聞に載るわけではありません。ここからの編集作業で、「デスク」や編集長といった上司たちによって元の原稿は添削され、あるいは追加取材を命じられ、時にはボツになり、他の記者の記事と組み合わされたりと、もろもろ編集されてようやく紙面化されます。その掲載される場所も、いわば新聞社の総意によって価値判断がなされ、一面を始めそれぞれの面に割り振られていくのです。

そして記事の重要度に応じて見出しの大きさが決めら

れ、限られた文字数で記事内容を端的に表す見出しがつけられます（新聞社には整理記者という、そのための専門記者がいます）。こうして出来上がる朝刊には、先に述べたように前日に起きた国家の（場合によっては国際的な）大事な出来事がそれなりにきちんと位置づけられて並べられており、読者は家に居ながらにして世の中の出来事をいわば俯瞰できるのです。これは新聞ならではの利点だといえるでしょう。

そうしてみると、新聞というものは世の中で起きていることをアバウトにまとめて伝えてくれるものであり、イメージ的には国家における「社会の日記」といってもいいでしょう。この国家における「社会の日記」ともいえる新聞を毎日続けて読んでいくことで、読者は世の中の動きを俯瞰的に見ることができます。世の中の動きを分かっておくことは世の中をうまく渡っていく上で役に立ちますし、ましてや世の中を自らの手で動かそうとするならば当然に世の中がどうなっているのかを知っておくことは必須でしょう。それゆえに、エリートたらんとする人ほどに新聞を読んでいるわけです。

ちなみに（サラッと書いてしまいますが）日本に来ている外国のスパイのような人たちも、日本の現状についておおよそのことを知るためにまずは新聞を、それも複数のものをしっかりと読んでいるといいます。新聞に載っている内容は読者に、すなわち当然に日本のエリート層にいわば共有され、ある程度には国民の共通認識となっていきますから、そうした国民の社会的認識を知る上でも、彼らにとって新聞を読む意味はあるのです。

別の喩えになりますが、新聞は世の中の地図のようなものであるともいえるかもしれません。私たちは実際にどこかへ向けて歩くときに、地図を持っていればあまり迷わずに目的地を目指せるはずです。世の中を渡っていく際にも、やはり地図があったほうがいいとは思いませんか。

三　スマホに加え、新聞も読もう

世の中の指導的立場にある人々、すなわちエリートであるほどに世の中の現状や動きをしっかり把握しておく必要があり、だからこそ新聞を読んでいるわけです。それだけに、世の中の指導的立場の人間になりたい、エリートになりたいのであれば新聞を読むべきである、ということは何となく納得いただけたでしょうか。しかしここで当然、次のような質問が出てくるはずです。「話は分かりました。でもそのために、わざわざおカネを払って新聞を購読しなくても、テレビのニュースで十分でしょ。もっといえば、スマホのニュースのほうが、より新しい情報がどこにいても得られるし、便利じゃないですか」というものです。

結論から述べてしまいましょう。「タダほど高いものはない」のです。新聞は、おカネを払って読む価値が十分にあるものなのです。毎月たった数千円の投資で〝勝ち組〟に入れるのだとすれば、安いものだと思えてくるでしょう。

では、なぜ新聞でなければダメなのでしょうか。世の中の動きをよりリアルタイムで映像付きで知ることができるテレビのほうがいいのではないか、との声も当然、あることでしょう。そこで新聞とテレビの長所・短所をみていきたいと思います。

いま述べた、よりリアルタイムで映像付きの情報が得られるというのは、テレビの長所であると同時に短所でもあります。一番わかりやすい例が生中継です。例えば総理大臣が何らかの発表をするとなれば、まず本人が冒頭で十分以上発言し（発言の中身が薄いこともないわけではありません）、次に記者が質問し（その質問が演説口調の長々としたものであるかもしれません）、その質問に総理大臣が答える（必ずしも正面から質問に答えていなかったりもします）……という流れで、何十分もテレビを見続けたアナタはグッタリ、ということにもなりかねません。そもそも忙しい社会人であれば、テレビ中継の都合に合わせて何十分もテレビを見ている時間などないはずです。

それが翌日の新聞では、リアルタイムではないものの発言内容が編集されており、枝葉が取り除かれた記者会見の根幹部分が端的にまとめられていることでしょう。その記事はほんの数分で読めるのみならず、決められた時間にテレビの前にいる必要もありません。

テレビのニュースの場合、三十分なり一時間という長さがあって、ニュースが順番に流されますから、なかなか自分の知りたいニュースを見ることができず、またそれぞれの部分については詳しくわかるかもしれない一方で、世の中の全体を俯瞰することが難しいのです。

例えば「新型コロナウイルス」の感染拡大を伝えるニュース番組では、東京の状況が深刻な時期であれば、まず東京都内の感染状況が紹介され、都知事の会見が流され、新宿や渋谷の繁華街の様子が映される……といった具合で、関東地方以外に住んでいる人からすれば「ウチの周りはいったいどうなっているんだ」とイライラさせられることにもなります。それに対して新聞であれば、東京の状況は一面に大きく載っているかもしれませんが、それは後回しにして地方面（全国紙の場合は各県くらいの単位で「県版」などと呼ばれる地方の記事が載っている面があります）の記事をまず読んで、身近な情報から先に見ていくこともできるのです。

またテレビであれば番組全体を通して見なければ小さなニュースなどは見逃すことになってしまいかねませんが、新聞であれば数分で全ページの見出しくらいは拾い読むことができ、世の中がどう変化し何が問題になっているのかの大まかな像を描くことができます。世の中の全体的な変化をアバウトに俯瞰して見てとることができるのが、新聞ならではの長所だといえそうです。

しかしそれは同時に短所でもあります。たしかに新聞は（雑誌あるいは書籍も）英語で「ＰＲＥＳＳ」ともいうように、世の中の変化を圧縮して私たちに伝えてくれています。だからこそ私たちは新聞から大量の情報を得ることができるわけですが、その一方で、新聞を読んだだけではもともとの世の中の変化の像を描きにくいかもしれません。そうしたときに、映像付きで世の中の動きを伝えてくれるテレビのニュースは、大いに参考になるはずです。

とはいえ、若い読者の方からは「いや私はテレビのニュースも見ません。だってスマホなら好きな時に、自分の知りたいニュースが読めるじゃないですか」との声もありそうです。たしかにスマホならテレビのように放送時間にしばられることなく、自分の好きなニュースを読めることでしょう。ましてや最近はスマホの側が「あなたにおススメの記事」を選んで提示してくれますから、便利この上ありません。しかしこれはスマホの長所であると同時に落とし穴でもあるのです。

新型コロナウイルスの例でいえば、もしあなたが大阪に住んでいるとすれば、まずは大阪がどうなっているのかを知りたいことでしょうし、スマホの側も大阪周辺のニュースを優先的に勧めてくれるはずです。結果としてあなたは、自分の興味がある対象については、いわばピンポイントで詳しく知ることができます。しかし一方で、それ以外の対象についてはほとんど知ることがなくなってしまいかねません。

スマホでニュースを見るのはある意味で、電子辞書で単語を調べるのに似ています。電子辞書ならパッと目的の単語にたどり着けるだけに、それ以外のものが目に入らなくなってしまうのです。紙の辞書であれば、目的の単語を探すまでにページを行ったり戻ったり、探している途中で別の単語の説明に見入ってしまったりと時間はかかりますがその分、周辺の情報も頭に入ってくることとなり、結局、自分の実力になっていくものです。

周辺の情報なんて要らない、と思ったアナタ。新型コロナウイルスの例でいえば、東京の今の姿は一カ月後の大阪の姿なのかもしれないのです。また諸外国の感染のニュースをみれば、実は東京の状況は大騒ぎするほどのものではない、と思えてくるかもしれませんし、そこから多くの教訓も得られます。あるものごとは全体の中で見なければ、しっかり位置づけ、きちんと評価することはできないのです。

うすうす気づいている方もいることと思いますが、スマホのニュースというものは玉石混交です。なぜかといえば、誰が記事を書いているのかという問題があります。新聞記事の場合は比較的、記事の「身元」はしっかりしているといえます。しかしスマホのニュースの場合、そうした新聞社が提供した記事の他にも、テレビ局や雑誌（出版社）が提供している記事もあり、さらにはいろいろなネット専業メディアや個人ジャーナリストによる記事もあります。

新聞記事の場合はたいてい継続的・組織的な取材をした上で適切な編集もなされて商品として仕上げられているものですが、ネット専業メディアなどでは記者・編集者の人数も限られていますから、直接的な取材をしていない記事も多々ありますし、「何か問題があれば後で修正・消去すればいい」とでも考えているのか、質的にどうなのかと思わされる記事も散見されます。その記事を果たして信用してよいものかどうか、読者の側の「選球眼」も問われているといえます。

では新聞社から提供されているスマホの記事を読んでいれば大丈夫なのかといえば、そうとも言い切れません。新聞の記事は本来、重要度に応じてそれぞれの紙面に割り振られ、それ相応の大きさの見出し付きで紙面に掲載されているものです。ところがスマホの画面では元の紙面から記事がバラバラに抜き取られた状態になっていて、記事の重要度がにわかには分からなくなってしまっているのです。これはスマホ（のみならずネット上でのニュースサイト全般）の不親切な一面だといえます。また、スマホでは新聞社の出した記事がまんべんなく読めるわけではなく、「あなたにおススメ」の記事が届くようになっていますから、結果として世の中のある面については詳しくなれますが、逆にある分野に関しては「世の中の多くの人が知っているのに、自分はほとんど知らない」ということが起こりうるのです。実に怖いことなのです。

そのようなわけで、スマホのニュースを読むだけではどうしても、世の中の見方が狭くなりがちなのです。逆にいえば、世の中の変化をアバウトにまとめた新聞を読む、ないしざっと目を通すことで、私たちは世の中でどのようなことが起きているのかの、おおよその共通認識を持つことができるわけです。そのことによって私たちは社会の一員として、世の中のあり方に則してきちんと生活できる、ということになります。

世の中は時々刻々と変化しています。それだけにその変化している世の中のあり方を認識するのは大変なことですが、新聞社がその作業をいわば肩代わりしてくれて、日々の世の中の変化をまとめて伝えてくれている、といってもいいかもしれません。

安定している時代ならともかく、世の中が激動している時代には、いったい今何が起きているのか、個々人ではなかなか把握しきれないものです。激動の時代に新聞が発達し、多くの読者を得てきたのも、そうした時代にこそ新聞が必要とされたからだ、といえそうです。

近年、新聞の読者はご承知のように少しずつ減っていき、当然ながら「新聞なんて手に取ったことがない」という大学生がずいぶんと増えているようです。しかしその一方で、社会の指導的立場になりたいという人たちの多くは、しっかりと新聞を読み続けているばかりでなく、その新聞をもっと歴史的に分かるための歴史的かつドキュメンタリー的な書物にも数多く親しんでいることを忘れてはなりません。またこれまで述べてきたことにつけ加えてもう一つ分かっていただきたいことは、優れた新聞でも新聞記者の主観が大半入るだけに、その歪みにも気づけるような知識人に私たちはなっていかなければならないということです。

7　仮想通貨「リブラ」とは何物なのか

村田洋一

目次

一．「リブラ」とは何だろう

二〇一九年にアメリカのある会社が、「リブラ」という仮想通貨を発行するとの計画を発表して大きな議論が沸き起こるといったことがありました。どうしてだったのでしょう。それは、夢とか、事件だといったほうがよい程の出来事だったからです。何しろ、「仮想通貨」なのですから。うっかりすると、通貨にあまり興味のない人には、子どもの遊びとしての「ママゴト」のお金のことか、と思われかねないことだからです。まず、次の日本経済新聞の記事（二〇二〇年六月二〇日）を読んでください。

大機小機　大きかったリブラの衝撃

米フェイスブックがデジタル通貨「リブラ」の構想を発表してから1年がたつ。それ以降、各国政府・中央銀行を巻き込む大論争が起こった。批判をうけたフェイスブックは計画見直しを迫られ、リブラはいまだ発行されていない。それでもその衝撃は大きかった。

リブラ構想には各国当局者から「マネーロンダリング（資金洗浄）など犯罪の温床になる」「各国の通貨主権が侵される」など非難の大合唱がおこった。フェイスブックは「各国の規制に従う」と応じざるを得なくなり、一部参加企業が撤退する動きもでた。リブラ構想が後退する一方で、それに触発された世界のデジタル通貨検討の動きは加速している。

（「日本経済新聞」二〇二〇年六月二〇日）

ではその「仮想通貨」とはどういう意味でしょうか。通貨とはあっても仮想となっています。基本的なことから考えてみましょう。まずは通貨とは何でしょうか、からです。私たちが通貨というとき、一万円札や千円札、そして五百円玉や百円玉などを思い浮かべることができます。通貨にはこのように、紙幣や硬貨などの手にすることが可能な現物があります。ところが、です。ことは仮想通貨です。ですから、そういう現物はないので、仮想ということになります。では現物がない、即仮想だ！とはどういうことでしょうか。現物がないだけに、どこかに仮想として存在できるのでしょう。

結論的解答は、以下です。その通貨はインターネットといわれるものの中に仮想としてあるというのです。そのインターネット上にある通貨の一つを「リブラ」という名前で呼んでいるのです。それは一体どういうことか、皆さんには分かるでしょうか。

まず、仮想通貨としての「リブラ」とはどういうものか、その現実を見てみましょう。リブラはインターネット上に存在し、そこで動く一種のお金に相当するものであるだけに、現金のような実体は当然に持つことはできません。それだけにそこから仮想通貨、暗号資産という呼び名が付されることにもなったのです。

これは各個人・各企業がインターネット上のある場所に自分あるいは企業の口座をもって、そこからリブラと称する仮想通貨を、あたかも現存するお金を出し入れするかのように、取引の決済を始めとして、その他の、たとえば買い物などが可能になるということです。

これはまさしく近年の革命的なデジタル技術の進歩に基礎を置くものです。かりに、仮想通貨たるリブラが普及し、どの国でも使用できる国際通貨レベルとなれば、外国の商品を買ってその支払いをしようと思えば、手元にあるスマホの端末の操作で簡単に決済することができます。国際的に活動する企業や先進国の国民のみならず、銀行の支店さえない発展途上国の農村地帯の人々もスマホさえあればインターネット上に口座を作って利用できます。しかも、です。現在のところは、為替レートやそれにかかわる手数料は不要なのです。

では、そのリブラはどうやったら手に入るのでしょうか。それは、端的には現在手持ちの通貨を管理運営機構である「リブラ協会」に預けることによってです。リブラ協会はその通貨を主要な法定通貨であるドルやユーロ等を組み合わせてリブラの価値を決めます。こうしてリブラは各国が定める現行の法定通貨と兌換可能な国際通貨という仮想性を帯びることができるのです。

この計画が発表されると、リブラの発行を後押ししよう、協力しようとする企業が出てくるなど歓迎する意見が出た一方で、何分にも、仮想そのものですから、そこの問題点を指摘する声が当然ながら上がりました。また、経済界や一般の関心ある人が議論するだけでなく、主要国の財政・金融当局（財務省と中央銀行）が集まる国際会議の議題ともなりました。なぜ、国家の代表が集まる会議でまで議論されることになったのでしょうか。それは国家の財政・金融に大きく関係してくる問題としての可能性が出てきたからです。その関係する問題とは何だと思いますか。

①一つには、国家の通貨の価値が毀損されることにならないか

②二つは、仮想であるだけにその通貨の流通過程の把握が困難なだけに、課税・脱税をどうすべきか

などです。

以上の事柄は大問題であるだけに、以下のようにリブラの発行計画から一年を経ずして、結局この発行計画は大きく修正されることになったようです。それについて、二〇二〇年四月二十一日付の日本経済新聞の記事（イギリスの「フィナンシャル・タイムズ」の記事の転載）が次のように述べています。

運営団体のリブラ協会が16日に発表した「リブラ2・0」という計画の改訂版からは、2019年6月の当初案の重要部分が抜け落ちた。（世界の）金融規制当局からの乗り越えがたい反発を招くとみられた部分だ。

デジタル通貨の歴史に詳しいデービッド・ジェラード氏は「当初案は規制を受けない民間暗号通貨という途方もない夢だった」と話す。

（中略）

第1に、改訂版では単一の新通貨を立ち上げるのではなく、（既存の）個別の通貨を裏付け資産とする複数のデジタル通貨を発行する計画に変わった。リブラの価値はそれを裏付けるそれぞれの通貨の相場に連動する。

第2に、改められたリブラは「許可不要」なシステムを断念する。当初案では暗号資産（仮想通貨）「ビットコ

イン」のかつての姿のように、誰もがネットワークの運営に参加できる非中央集権方式を打ち出していた。

　第3に、リブラ協会はネットワーク上に設けられる全てのウォレット（財布）の顧客を確認し、監視体制を強める。

（中略）

　一方、規制を受けない非中央集権型のグローバル通貨を熱望していた人々にとって、今回の計画変更は夢の終わりの告知である。

（「日本経済新聞」二〇二〇年四月二十一日）

二．「リブラ」に関する新聞紙上の論説

　右の記事からは、華々しく打ち上げられた新通貨発行の計画が、一年で大きくトーンダウンし、その根幹部分が骨抜きになってしまったことがみなさんには見て取れるでしょうか。それはなぜだったのでしょうか。リブラにはどういう問題が含まれていたのでしょうか。

　リブラの発行計画が発表された昨年（二〇一九年）、経済の専門家は口々にその問題点を指摘しました。一例をあげれば、二〇一九年十月二十五日付の次の論説（イギリスの「フィナンシャル・タイムズ」の翻訳記事）は、リブラをどういう視点から検証すべきかを次のように明言しています。


　今、私たちが目にしているのは基本設計の変化なのか、それとも技術だけの変化なのか。これに答えるには、貨幣の3つの機能を思い出すとよい。価値表示尺度と価値保蔵手段、そして支払い手段だ。現在、価値表示尺度は各国政府が定めているが、価値保蔵手段と支払い手段はおおむね銀行が提供している。この文脈で3つのデジタル通貨を考えてみてほしい。暗号資産（仮想通貨）（引用者注：ここではビットコイン等を指している）と、中国アリババの「支付宝（アリペイ）」など既に確立したといえるデジタル決済システムと、FBのリブラだ。

（「日本経済新聞」二〇一九年十月二十五日）


　この論者は貨幣のもつ機能つまり商品の値段を表現する機能、価値を保存しておく機能、決済する道具としての機能に焦点を当てて、はたしてリブラは、現在の通貨が果たしているこれらの機能を、それに取って代わって十分に果たすことができるのか、という観点で検証していきます。しかし、同じ年の十月十日に掲載された、国際金融を専門とするアメリカの大学教授の論評はリブラの安定性に視点を当てて次のように論じています。少し

複雑なので必要なところを拾ってみましょう。

個人が何らかの通貨を払い込んでリブラを購入したら、運営母体である「リブラ協会」は同等額のドル、ユーロまたは円の現物を積み立てなければならない。

逆に保有者がリブラを売る際には、リブラを協会に返して同等額のドル、ユーロまたは円を受け取る。（中略）

現実の世界では銀行の破綻が起こりうる。そして預け入れたリブラの額が大きければ、預金保険ではカバーされない。（中略）

政府は中央銀行を「最後の貸し手」として位置づけることで、この問題に対処している。中央銀行は預金者のパニックを防ぐべく、苦境に陥った銀行に対し潤沢な流動性を供給する。だがリブラ協会には、購入額に応じて積み立てられたドル、ユーロ、円以外に資金はない。リブラの設計者が技術者でなく金融経済学者だったら、この致命的な欠陥に気づいていたはずだ。

（「日本経済新聞」二〇一九年十月十日）

つまり、リブラは「リブラ協会」という一つの銀行モドキの会社が発行する通貨であり、ドルやユーロや円との兌換で信用を生んでいけるとしても、中央銀行の後ろ盾がないために、みんなが一斉にリブラをドルや円などの法定通貨に戻そうとする「取り付け騒ぎ」が起こったときに、どうにも対応できないであろうと、その不安定性をしっかり指摘しています。とはいってもリブラに対する批判、問題点の指摘はどの記事を見てもこれらと同様・同列で、リブラとは何物なのかについては触れることなく、ただ、リブラの便利な点、つまりは機能に着目した論評にとどまっています。すなわち、それらはあくまでリブラが持っている性質や働きといった即物実体論ならぬ即リブラ機能論にとどまっていて、リブラとは何かの本質をズバリとついているようには思えないのです。

三．リブラの問題の本質

私が思うに、仮想通貨たるリブラが現象レベルではともかく、実質的に目指したものは、発達したデジタル（暗号）技術をたくみに（国家機関に悟られないように）使うことによって、国家からの規制を一切受けないレベルになりたい、つまり純粋に民間で自分たちの利益になるように機能（悪口をたたけば、節税は当然のこと見事な脱法的節税に加えて、あわよくば脱税を見事に覆い隠すように）していく国家にとっては恐い（よろしくない）「暗号通貨」にして、企業独特の隠し財産を内に秘め、それによって国家から独立可能な自らの経済王国を創出すべく隠れた発展をなしたいという（あえて説けば、中世の自由都市のように、王権の略奪的行為から逃れる、かつ、租税回避をする）……、意志が含まれている（？）ものなのでしょう。しかし、実はここに最も本質的な問題が潜んでいるのを、企業側はないがしろにしているのだ、というべきでしょう。すなわち、一言で断ずれば「国家抜きの通貨実存はありえない」という通貨の本質を無視している点です。

リブラの発案者は当然のこと、企業側すらが本当には理解できていないというより、以下のことを自己流に解釈して無視しているからです。それは、人類の歴史のいかなる時代も国家の存在を全く無視して自分たちの経済関係が発展していくなどということは、一時は可能であるようにみえても、時代というレベルでは実存できないという厳然たる事実です。経済のあり方が市場に自由レベルで委ねられ、あたかも国家から独立的に経済が存在し、発展的に動いているかのように見える現代の資本主義経済ですらも、大枠としては国家の手によってさまざまな法に次ぐ法というものがつくられ続けていき、その法を全く無視・逸脱して活動することは当然ながら不可能に近いのです。

資本主義経済は、アダム・スミスの「見えざる手」に象徴される自由放任主義経済と、ケインズに端を発し、政府が財政政策や金融政策によって市場に介入する混合経済（あるいは修正資本主義と表現する場合もあります）とが対立して、時代時代の状況に応じて両者が交代しながら歩んできた歴史があるように錯覚されています。このことから、「自由主義」あるいは「自由」という用語は国家から独立して自由に経済が動いていくかのような幻覚を覚えさせるきらいがあります。しかし、どんなに自由放任とはいっても法を無視する自由放任という意味ではないのであって、そんなことは当然にありえず、必ず法による刑罰なるものが、待っていることを忘れるべきではありません。政策が自由放任主義経済に傾くか、混合経済に傾くかで民法や商法の規定が変わるわけではありません。経済は国家の定める法の解釈可能な枠内での自由でしかないですし、法の枠内の解釈の可能性が相当にあるからこそ、その中での自由が大きく存在しているのです。

そもそも、とここは大きく説くことにします。経済を小さく見てみれば、会社の存在が見えてきます。この会社という存在は経済的世界全体から見れば、ゴミや砂粒レベルの存在です。しかし、この小さな存在すら、法の枠内の出来事です。端的には、国法の中でしか会社になれないからです。昔々から民法にすら大きく規定がありました。株式会社、有限会社、諸々です。そればかりでなく、会社の通貨に匹敵する、手形や小切手等々、すべて、法の規定内でしか、有効性を持たないのです。

話は少しそれますが、私が学生時代にまじめに悩んだ名文句があります。「自由とは必然性の洞察である」と。これはヘーゲルの言葉を解説したエンゲルスの名文句です。この名文句こそが、正当である、と思う必要があります。このエンゲルスの必然性とは、物理的、科学的、生物的法則性であり、国家を主体でみれば、国法そのものですから……。つまり、国法にしっかり（脱法的にでも）従えば、何らの罰も受けない、すなわち自由だということです。みなさんも、よく味わってみてほしいと願っています。

話を戻しましょう。その法の中身は一般の商品と通貨では大きく次元が違います。資本主義国家の下では、企業が何をどれだけ生産するかは国法に違反し続けなければ当然に会社の自由です。トヨタ自動車が国法内で一年間に自動車を何万台つくろうと、これは自由です。しかし同じように国の通貨をどこかの企業が生産しようとしたらどうなるでしょうか。その会社は、国家を危機に陥れたとして国家反逆レベルの罪名で裁かれることになります。それ故、当然に会社は潰され、社員も国家犯罪レベルで逮捕され、刑務所行きとなるのです。

ここを単純に考えてみましょうか。通貨はそれ自体として何か消費財または生産財として使用できる価値を何ら持っていないはずなのに、あるいはまた、もはや金貨や銀貨に換えることさえできないはずなのに、人々が安心してその価値を認め、所有し、使用するようになるのには、経済的な何千年という歩みを通して、国家がその通貨としての価値を保証し、そのことを国民が認めるに至る歴史を人間社会が辿ってきたことによるものです。

考えてもみてください。それ自体使用すべき価値を持たない通貨が安定的に通用するということは大変なことだと思えませんか。たとえば、偽札が出回れば社会は大混乱になり人々の生活が崩壊しかねません。それを防止するために厳しい罰則のある法律を制定し強制することは国家の法でしかできません。私たちは国家の法によって生命・財産を守られています。私たちの財産が銀行口座の預金という形であれ何であれ、○○万円が○○万円として保証されるのは、国家の法が円という通貨の価値（価格ではありません）を法として保証しているからです。その法を創出し、かつ法の尊厳を守ることができるのが国家の国家たるゆえんなのです。さらに国家は、国家自身の実力（権力）を常に行使してその通貨の流通量を調節して国内の経済をコントロールし、国家的社会の経済生活を可能な限り統括しようとしています（もちろん、そのコントロールがどういう点でどこまで可能かというのはまた別問題です）。それ故に、通貨は長い人類社会の歴史を通して、国家経済のあり方を左右する最も重要な経済的事象の一つとなったのであり、国家の法を離れた自由な通貨というものは存在しえません。それだけに国家がその通貨政策を歪めたりまちがったりすれば、国家の経済の根本が大きく傾きはじめて、結果、国民の生活がより悪化し、それに対して国民の不満が鬱積し、いずれ爆発しないとも限らないのです。

読者は承知のように、アメリカのトランプ大統領がＦＲＢに執拗に利下げの圧力をかけるのは、自分がアメリカ大統領の地位を失いたくないとしての統括の一つですが、それはともかくとして、国家としての通貨政策は当然に国家法に基づいての政治的経済、すなわち国家的経済活動の一環です。

本論で仮想通貨の実態（国家の枠から出ての蓄財性、隠匿性）をまともに説くことはかないませんでしたが、結論としてはリブラ（仮想通貨）というものは、私たち庶民（平均的・平均以下的）にとっては、新聞紙上で説くような生活の中にはまず、無縁な存在です。本当に庶民にとっては仮想（夢）の世界でしかありません。次回は、この仮想通貨の問題をもう少し説きながら、実体通貨たる本物の貨幣とは何かを説いてみたいと思っています。

（続）

8 「医学原論」講義（十七）

——時代が求める医学の復権

瀬江千史

目次

（一）これまでの要旨

本講義は、医学が対象とするあらゆる事実を、論理化し、理論化し、体系化した学問としての医学について、その構築過程をも含めて論じてきている。前回はその医学体系の重要な構造論である「病態論」を取りあげ、「病態論」の構造の論理について説き始めたところであり、要約すれば以下であった。

「病気とは何か」の理論体系である病態論の支えとなる構造の論理は、〔図1〕で示すように次の二つとして捉えなければならない。一つは、いわば縦方向の構造を支える「（狭義の）構造の論理」（〔図1〕の㋐）と、もう一つは、いわば横方向の構造を支える「過程的構造の論理」（〔図1〕の㋑）である。

まず一つ目の（狭義の）構造の論理とは、身体の構造にのっとった病気の論理であり、そもそも病気とは正常な生理構造が歪んだ状態であるが、ではいかなる生理構造の歪みなのか、そしてその歪みは他の構造とどのような相互規定的相互浸透をもつものなのかを、一般性とし

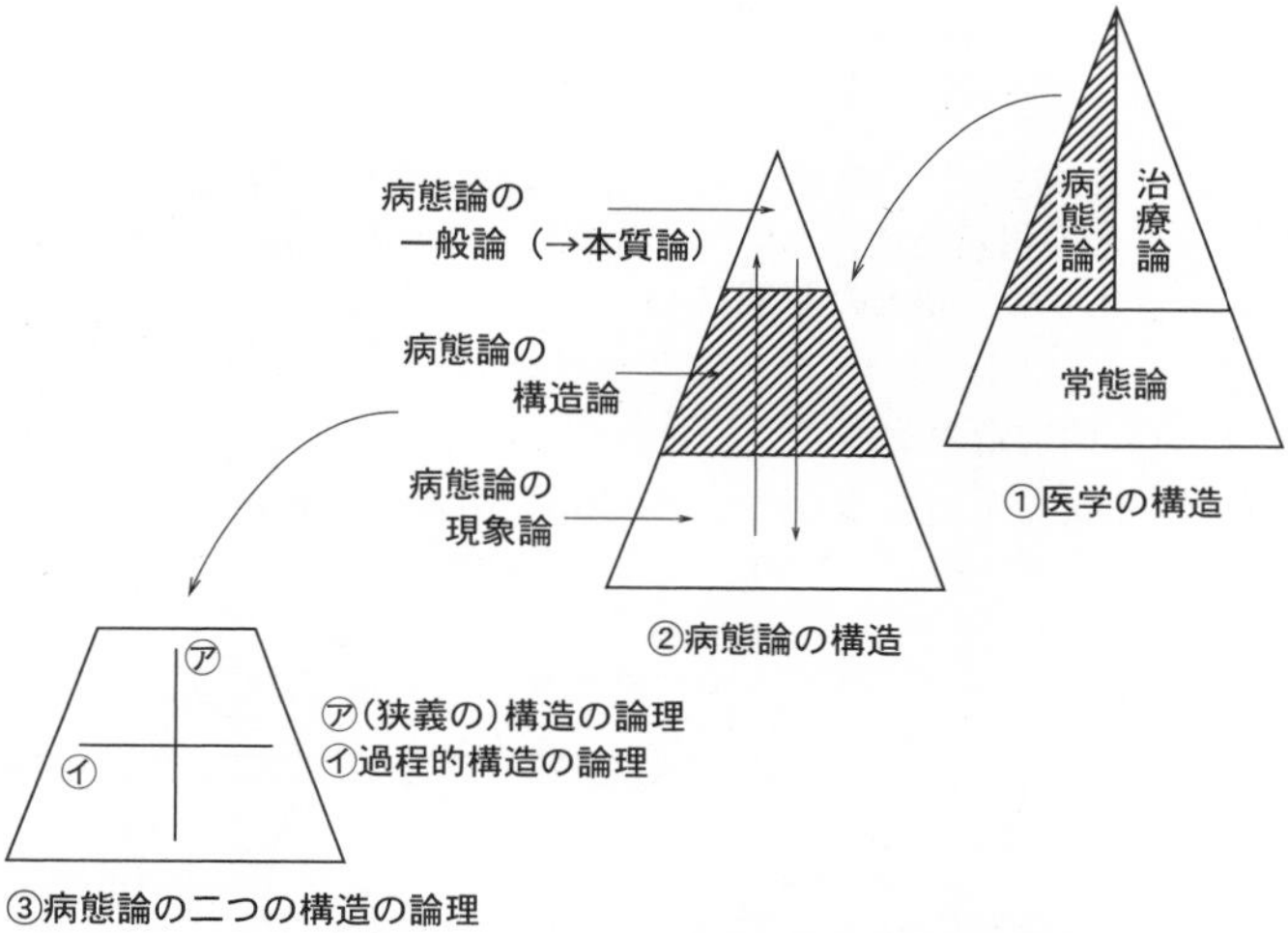

〔図 1〕　病態論の構造の論理

て導き出したものである。

　より具体的には、〔図2〕に示したように、病態論の現象論として①から⑬で示した病気の論理を、さらに「代謝系の病気の論理」「運動（感覚）系の病気の論理」「統括系の病気の論理」と一般化した上で、病気とはそのそれぞれがどのように相互規定的に、相互浸透するものなのかを論理化したものである。

　次に二つ目の過程的構造の論理とは、あらゆる病気を貫く、病気の生成発展の過程を一般性として導き出したものである。より具体的には、病気とは、正常な生理構造が外界（の変化性）との相互浸透において、徐々にあるいは急激に量質転化して歪んだ状態になったものであり、その発展というものは「生理構造の機能の歪み」から「生理構造の実体の歪み」へと至る過程があり、それもそれぞれ「歪みかけた段階」から「歪んでしまった段階」への過程性を有するものである、と論理化したものであった。

　以上が「病態論」を支える二つの構造の論理であったが、前回強調したのは、この二つの構造の論理はあくまで、病気とは何かの一般論を掲げ、病気の事実の構造に分け入っていくことによって導き出されるものであると

病態論

本質論

病気とは，人間の正常な生理構造が，外界（の変化性）との相互浸透において，徐々にあるいは急激に量質転化して，歪んだ状態になったものである。

構造論

㋑ 過程的構造の論理

正常な生理構造の機能と実体が，外界との相互浸透によって，どのように歪んでいったのかの論理

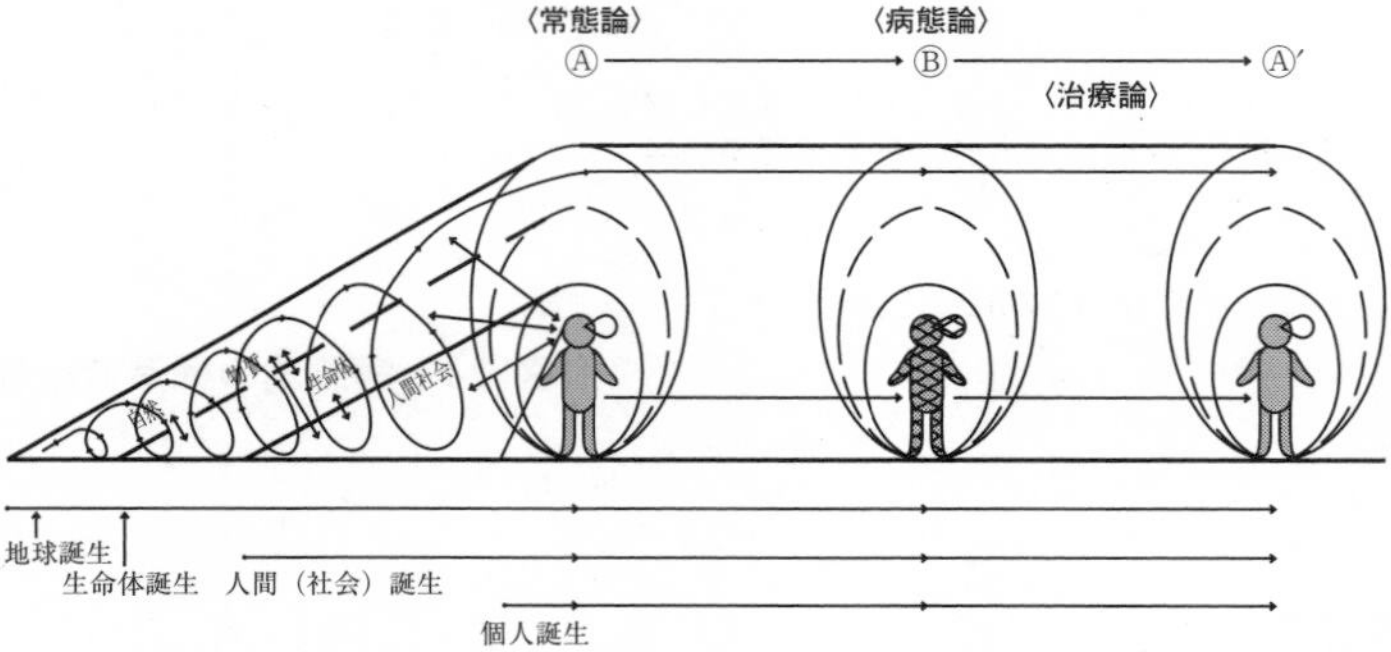

㋐（狭義の）構造の論理（身体の構造にのっとった病気の論理）

いかなる生理構造の歪みなのか，その歪みは他の構造とどのような相互規定的，相互浸透をもつのかの論理

統括系の病気の論理

運動（感覚）系の病気の論理

代謝系の病気の論理

現象論

① 消化吸収系病気の論理
② 呼吸系病気の論理
③ 循環系病気の論理
④ 肝臓系病気の論理
⑤ 腎臓系病気の論理
⑥ 生殖系病気の論理
⑦ 皮膚系病気の論理
⑧ 筋肉系病気の論理
⑨ 骨系病気の論理
⑩ 感覚系病気の論理
⑪ 脳系病気の論理
⑫ 神経系病気の論理
⑬ 内分泌系病気の論理

〔図2〕 病態論の構造

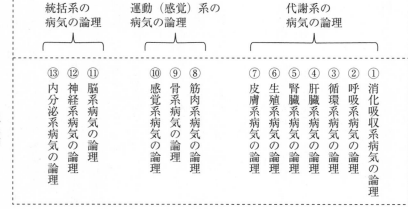

いうことであった。逆から言うならば、一般論を掲げることなしには、構造の論理を導き出すことはできないということである。

この後前回は、一つ目の構造の論理、すなわち〈狭義の〉構造の論理について説き始めたところであり、今回はその続きとなる。

(二) 病態論の〈狭義の〉構造の論理

① 代謝系、運動〈感覚〉系、統括系の歪みの連関

さて、「病態論」の〈狭義の〉構造の論理を問う場合、真に銘記してかかるべきことは、病態を学的論理として明らかにするためには、その病んでいると思われる部分にのみ着目していては不可能であり、必ず全体との連関を究明していかなければならないということである。

そしてその明らかに病んでいる部分と全体との系列レベルでの連関を、論理的に究明していくためにこそ、現象の論理をさらに〔図2〕で示したように、まずは「代謝系の病気の論理」「運動〈感覚〉系の病気の論理」「統括系の病気の論理」と分化的に論理化し、それを全体系的統括レベルで学問的に理論化していく必要があったのである。すなわち、その三者の生理構造の歪みがどう系列的・系統的に連関するのかを、理論的に説かなければならなかったのであり、その連関を簡単に図示したのが〔図3〕であった。

この〔図3〕で示した矢印の二方向性は、端的には、一つの部分の歪みが他の部分の歪みを引き起こす場合と、一つの部分の歪みが他の部分の歪みによって引き起こさ

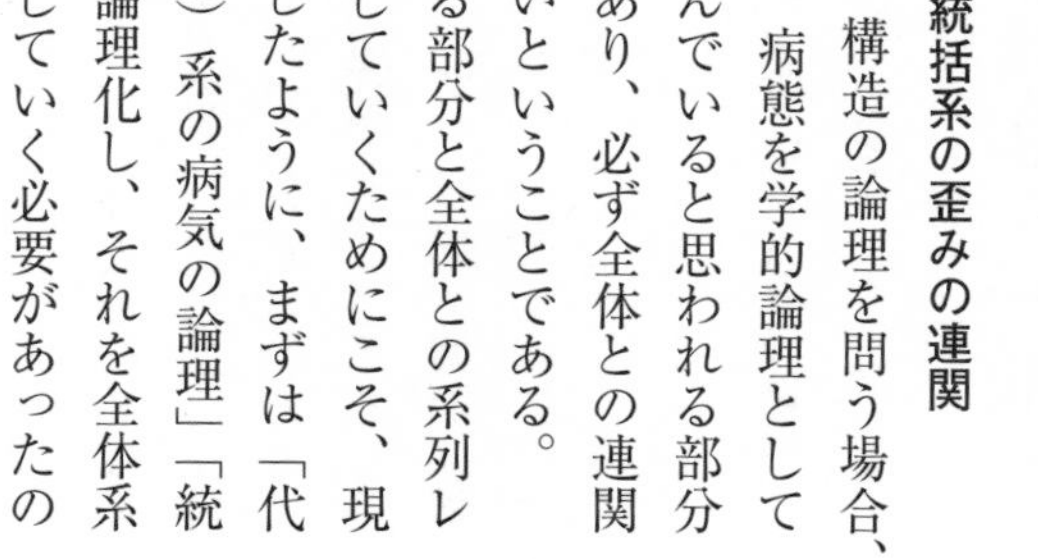

〔図3〕　生理構造の歪みの相互規定的相互浸透

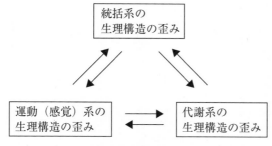

れる場合の、二重の過程性を示している。

例えば代謝系の生理構造の歪みは、時間的な緩急はあるものの当然のように運動（感覚）系及び統括系の生理構造の歪みを引き起こしていくものであるが、一方でまた、代謝系の生理構造の歪みも、運動（感覚）系あるいは統括系の生理構造の歪みによって、時間的間隔（緩急）はあるものの、自然的に引き起こされることになっていくということである。

②代謝系の歪みと運動（感覚）系、統括系との連関

以上のことを、少し具体的に説いておくことにしよう。まず代謝器官の生理構造が歪んでいく場合にどうなるか。そもそも代謝器官とは何かと言えば、人間が生きかつ生活していくために必要な代謝を担う器官である。

つまり、代謝器官が総力をあげて、外界から必要な物質を摂取し、自己化し、不要になった物質を排出するという過程を不断に行うことによって、体を構成しているあらゆる細胞が生きかつ死に、さらに新しい細胞が生きることで体を維持していけるように、それぞれの細胞を取り巻く内部環境の恒常性を維持しているものである。

したがって代謝器官に含まれる器官の、いずれかの生理構造が歪んでしまった場合には、体のすべての細胞を支えている内部環境に変化が徐々的ながら生じてしまうことになり、代謝器官のみならず、運動（感覚）器官及び統括器官を構成するすべての細胞に、究極的には大きな歪みを生じさせてしまうことになっていく。

これは具体的にみてとれば、誰しもよく分かることである。例えば代謝器官の一つである呼吸器官の生理構造に歪みが生じていって、肺炎や気管支喘息と呼ばれる状態になった場合には、必要な酸素を不十分にしか摂取できないようになり、また不要になった二酸化炭素を十分に排出できずにそれがたまりにたまって、その結果すべての細胞を生かし続ける内部環境の恒常性を維持することができなくなり、運動器官の機能は低下していくだけに、歩くことがどうにも苦しくてできなくなったり、また究極的には統括器官の機能が低下して、恐いことに意識喪失をきたすことさえあるのは常識である。

また例えば（以下は単純に説くが）代謝器官の一つである肝臓の生理構造が歪み、肝炎や肝硬変と呼ばれる状態になった場合には、摂取したものを自己化して、その時々の体の必要に応じて供給したり、蓄積したり、分解したりする機能が低下すれば、すべての細胞を生かし続ける内部環境の恒常性を維持できなくなり、運動機能は低下して激しい運動ができなくなったり、運動するとすぐに疲れてしまうことになってしまう。また統括器官の機能が低下して、手足がしびれたり、意識喪失やけいれんが起こったりもするのである。

さらに逆に、代謝器官の生理構造の歪みが、代謝器官そのものによって引き起こされるものではなく、運動（感覚）器官や統括器官の生理構造の歪みが原因となる場合もある。

例えば消化吸収系の機能が低下して生じる便秘症にしても、単に腸の蠕動運動を促す食物繊維を十分に摂取しないことによる、代謝器官そのものに問題のある便秘もあれば、運動（感覚）器官の問題として、全身運動が不足しているための便秘もあり、さらには統括器官に原因がある、つまりストレスなどにより脳の機能が乱れてしまい、腸の機能をしっかり統括できなくなってしまっての便秘もある。

したがって医師は、便秘症と診断した時に、画一的に下剤を処方するのではなく、その原因に応じてしっかりと治療を考えていかなければならないのである。

③運動（感覚）系の歪みと代謝系、統括系との連関

では次に、運動（感覚）器官の生理構造が歪んだら、どうなるだろうか。具体的には筋肉、骨、感覚器官の実力が低下して、必要にして十分な運動ができなくなったらどうなるか、である。それは単に運動器官のみならず、代謝器官及び統括器官の生理構造をも歪ませてしまうのである。

それはなぜかと言えば、生命体は地球に初めて誕生した単細胞生命体に見るごとく、「運動と代謝とは大きくは直接的同一性である」と捉えるべきだからである。理由は、そもそも生命体は運動に見合った代謝をするのであり、それは当然ながら代謝に見合った運動をする、というよりそうでしかないという一般性に貫かれているからである。

このように生命体としては、生きるためには生きるに必要な運動をすることが常態でなければならないのである。したがって哺乳類としての人間は、哺乳類的な全身運動をしっかりと行うことによって初めて、正常な生理構造を維持することができるのであるし、正常な生理構造を維持できてこそ、正常な運動が可能なのである。

すなわち歩いたり、走ったり、泳いだりという全身運

動によって、胃腸系を中心とする代謝器官は、哺乳類として本来必要である「揺らされる」という運動形態をとることになり、そのことによって胃腸系は蠕動運動をしっかりと行い、消化吸収の機能を果たすことになる。

これについては、ジョギングを始めると腸がグルグル動き出す経験を、誰でももっているはずである。そして呼吸運動も速くなって、必要な酸素を多く取り入れ、不要となった二酸化炭素を排出し、心臓も速く収縮・弛緩を繰り返すことによって血液を速やかに循環させて、筋肉の細胞などに必要な物質を送りこみ、不要となった物質を運び去るのである。

さらにジョギングを続けていけば、肝臓が、筋肉等を構成している細胞が代謝をし続けるのに必要なグルコースを産生して供給することになる。このように代謝器官はその運動に対応して、その運動を支えるべくしっかりと機能することによって、正常な生理構造をきちんと維持していけるのである。

それに対して、寝たきりになったり、一日中机に向かって座ってばかりいては、代謝器官は静止状態に対応した機能しかしないため、本来運動体であるべき人間として十分に機能することなく衰えていき、その結果歪んでいってしまうのである。しかも人間の場合は、その歪みをさらに助長する構造を有している。それは通常の哺乳類であれば、運動することによって空腹を感じエサを取ることになるのであるが、人間だけは、本能のみならず、それまでに育ってきた認識によって、運動に関係なく食事の量を決めてしまうので、ただでさえ弱っている代謝器官に、さらに拍車をかけて歪ませてしまうことにもなりかねない。

例えば学生時代に激しいスポーツをやっていた人間が、社会人になってほとんど運動をしなくなったにもかかわらず、それまでと同じくらいの食事量を食べ続け、肝臓に余分な脂肪が沈着して脂肪肝になってしまったりするのである。

統括器官もしかり、である。つまり運動器官の生理構造が歪んでいけば、当然に統括器官の生理構造は歪まざるをえない。なぜならば、統括器官とはそもそも、分化した運動器官と代謝器官を総括し、統括することをその機能として誕生したのであり、さらに加えて統括器官の中枢である脳の実体の実力は、魚類から両生類、哺乳類と飛躍的に発展してきた運動形態を、総括し統括することによって培われてきたからである。

しかも哺乳類の中でも、大地を走り回る哺乳類から木に登るサル類へ、そして再び地上に降り立って歩行を始めたヒトへの過程において、哺乳類の走るための四足がサルで木に登る二足、二手へと分化し、ヒトはその分化した二足、二手をそれぞれに相対的独立に使用することが可能となっていく過程で、その手足の動きを総括し、統括する機能を有する脳の実体は飛躍的に実力をつけ、それによってその脳のもう一つの機能である外界を反映させて像を形成する実力も、人間はサルまでとはまったく質的に違ったレベル、すなわち外界を反映した像を原基形態としながらも、その像を変化させていくことができるレベルへと発展したのである。これが人間にのみ特有な認識の誕生である。

したがって人間の脳の実体の実力は、そのような歴史性をふまえて、人間として意図的に手及び足をしっかりと運動させることによって維持し、かつ発展させることができるのであり、脳の機能としての、全身の生理構造の総括・統括及び認識を形成する実力は、当然ながらその脳の実体の実力に規定されるのである。

現代のように、人間が哺乳類としての運動形態を基盤においた、人間としての運動をないがしろにしている時代においては、そのことが運動器官のみならず、代謝器官及び統括器官の実体と機能をいかに歪めているかを、我々はしっかりと分からなければならない。

さらに、人間としての一般的な運動の不足に加えて、人間ゆえに特殊に形成された認識が導いてしまう、特殊的、過剰的運動形態も、運動器官のみならず、代謝器官及び統括器官の生理構造を歪めてしまうことも、見過ごしてはならない。

例えば水中で激しい運動をしながら、体を維持しなければならないシンクロナイズド（アーティスティック）スイミングの選手達や、勝つために肥満体をつくりあげなければならない大相撲の力士達が、どれほどに代謝器官や統括器官に負担をかけ続けているか、またかつて体重が軽い方がよいタイムが出ると信じられ、食事制限をしながら走り続けた女子マラソンの選手達が、どれほど貧血や生理不順に苦しんだかなど、歪んだ運動形態による代謝器官、統括器官の生理構造の歪みの例は枚挙に遑《イトマ》がないことを我々はまともな常識として知っておくべきだと思う。

④統括系の歪みと代謝系、運動（感覚）系との連関

では次に、統括器官の生理構造が歪んだら、代謝器官及び運動器官にどのような影響を及ぼすのかを考えてみよう。そもそも統括器官とは、人間が生きかつ生活していくすべてを総括し統括することがその機能であり、その中枢である脳は、神経系及び内分泌系を介して、生きている限り一瞬たりとも休むことなく、高度に分化した代謝器官及び運動器官からの情報をすべて収集して総括し、そして統括するための指令を代謝器官及び運動器官に送り続けているのである。したがって統括器官の生理構造が歪んでしまえば、全身の総括も統括も歪んでしまい、当然に代謝器官も運動器官も、その生理構造は歪んでしまうことになる。

これについては、事実的には周知のはずである。例えば脳梗塞や脳出血で、脳の機能としての全身の生理構造の総括及び統括がしっかりとできなくなれば、立つ、歩く、手を動かすという運動ができなくなったり、摂取、排出という代謝もうまくできなくなり、さらに脳の障害の部位によっては、呼吸や循環の総括・統括もできなくなって、命を落とすことにもなりかねないのである。

また脳による総括及び統括の機能を全身に媒介する、神経系の生理構造の歪み（例えば多発性硬化症や、ギラン・バレー症候群など）や、内分泌系の生理構造の歪み（例えば甲状腺機能亢進症など）も、運動器官及び代謝器官に同様の歪みを引き起こすことになる。

さらに統括器官の中枢としての脳の生理構造を考える時に、もう一つ重要なことがある。それは何かと言えば、人間に特有の認識＝像の形成である。そもそも脳は生命の歴史上魚類で誕生して以来、その機能は、大きく二重性を持つのであり、一つは代謝器官、運動器官と分化した全身の生理構造を総括し統括することであり、もう一つは外界を反映して像を形成することである。

魚類において、なぜ外界を反映して、脳に魚類が必須とする外界の像を形成することが必要になったのかの第一義は、直接的には、速くかつ遠くへと流れる大水流に沿って泳ぎながら、（とともに、である）かつ、その魚類の必要なエサのある場所へ行き、かつ、まともに自らが棲む地域へ、しっかり帰ってくるためであった。

しかし外界の、特に海洋の一般的な変容のために、第二義、第三義の像の形成を必要としていったのである。どういうことかを簡単に言えば、地球が太陽の惑星の一般性として、また地球上に誕生した生命体との相互浸透

によって変化していき、そのことによって生命体が生きる環境が変化していったからである。

具体的には、魚類の誕生は地球上の海の誕生とともにあったのであり、魚類はもともとの自らが生きられる環境を求めて、大海の中を移動しなければならなくなったからである。すなわち生き続けるために、海水の温度や圧力、太陽の光、海藻やエサなどを反映させて脳に像を形成し、その像に従って移動することが必要になったのである。これは、脳の一つの機能が内界である全身の生理構造の総括及び統括であるのに対して、いわば外界を自らが生きるために総括し統括する機能とも言えるのであって、この両者の総括及び統括によって、魚類は海の激動する環境の中で生きていくことが可能になったのである。

もちろん人間の脳も、生命の歴史で初めて脳が誕生した魚類の脳におけるこの機能、すなわち外界を反映して像を形成する機能をその基盤に有しているのであるが、サルから人間へと発展する過程で、この機能は飛躍的な発展を遂げることとなった。

それはこれまで繰り返し説いてきたように、人間の脳のみが、外界を反映させた像とは相対的独立に、その像をいかようにも重層レベルで発展させることができるようになったのであり、これが脳の認識力を複雑化していくことになり、ついには脳の認識力と相対的に自立可能な認識、すなわち頭脳活動としての認識が誕生していくことになる。これを私達は文化的認識となすのである。

こうして人間は他の動物とは違い、本能に加えて自らが形成する認識が生きることを総括し、統括するようになったのであり、この人間の頭脳とは何かについては、『新・頭脳の科学（上）・（下）』（現代社）に詳しく論じたので、興味のある人は参照してほしい。

さて、人間の脳が、外界の反映とは相対的に独立した像＝認識の形成を、その機能として持ったが故に、この認識が本能とはかけ離れて歪むようにもなったのであり、その歪みがまた代謝器官及び運動器官の生理構造の歪みを引き起こすことにもなったのである。これは脳の機能として、認識の形成と全身の生理構造の総括・統括は、直接的同一性だからである。つまり、どのような認識を形成しているかが、直接に全身の生理構造の総括及び統括に影響するのであり、逆に全身の生理構造の総括及び統括のあり方が、認識を規定してくるのである。

これは例えば、恋愛がうまくいきルンルン気分の時には、食欲もあり顔の色艶も良く快活に動けるのに、失恋したとたんに胃がもたれ、顔色も悪く、動作が鈍くなってしまうことで分かるであろうし、また、うつ病と呼ばれる認識の歪みにおいても、往々にして運動機能や代謝機能が低下することでも分かるであろう。

⑤ 生理構造の歪みの連関は病気を貫く一般性である

以上、病気すなわち生理構造の歪みの学問的解明は、明らかに歪んでいると思われる部分だけを取りあげても不可能であり、必ず全身との連関において理論的に把握しなければならないが、そのためには人間の体を構造化した、代謝器官、運動器官、統括器官の相互の連関として考えていかなければならないことを説いてきた。

もしかしたら、ここまで読んできた医学生及び医師の中には、次のような疑問、反問が湧いてくるかもしれない。それは「一つの器官の病気が、他の器官にも影響して病気を引き起こすことは、医学の教科書に、山ほど書いてある。例えば高度の肝障害は、意識障害や羽ばたき振戦などの多様な精神・神経症状を示し、これを肝性脳症と呼ぶ……などと。だからここであらためてその連関を、そんなに強調しなければならないことなのだろうか……」というものである。

それに対しての答えは、以下となる。それは、ある器官の生理構造の歪みが、他の器官の生理構造の歪みをもたらすということの事実を知っているだけは不十分で、それが生理構造として必然であるということを、理論として理解しておかなければならないということである。そしてそれがなぜ必要かと言えば、それがあらゆる病気を貫く一般性であるからこそ、すべての病気を解明していく時の、指針となりうるからである。

例えば現代において増加の一途を辿り、国家的大問題になっている病気に、認知症があり、その原因として最も頻度が高いのが、アルツハイマー病と言われているものである。このアルツハイマー病は、脳の神経細胞の変性疾患と捉えられ、現在その原因は、老人斑と呼ばれているアミロイドβなどの蓄積にあるというのが通説となっている。しかしアルツハイマー病は、このようなアプローチの仕方で解明できるのであろうか。断じて「否！」である。それがなぜかを、少し説いてみよう。

アルツハイマー病（Alzheimer's disease）の症状は、次のように記載されている。

臨床
ＡＤの経過を通じて、臨床的に記憶障害が前景に立つことが多いが、加えて見当識障害、失語・失行・失認、構成障害、判断力の障害など、種々の認知機能障害が進行性に出現し、認知症、すなわち独立した生活の障害を招く。認知症発症後五〜十年で進行期に至り、合併症で死の転帰をとることが多い。（『認知症トータルケア』粟田主一他監修・編集、日本医師会）

ここで「種々の認知機能障害」としてあげられている症状は、脳の機能の一つである認識形成における歪みとして現象していることが分かる。しかし現代のアルツハイマー病の研究は、その認識の形成が歪んでいく過程的構造を何ら考えようともせず、いきなりその機能を担う実体としての、脳の物質的な変化の探求へと向かってしまっているのである。そして脳を構成している組織における様々な物質的変化を観察し、現在は前述したように、「アミロイドβの蓄積過程はアルツハイマー病に対して病因的に働くこと（アミロイド仮説）が立証された」ということになっている。

しかし、ではなぜアミロイドβなるものが蓄積するのかは不明であり、そうであるならば、脳におけるアミロイドβの蓄積は事実としては存在しても、それが「病因的に働く」つまりアルツハイマー病を引き起こす原因ではなく、逆に脳の像＝認識を形成する生理構造が歪んでしまった結果によるものかもしれないという説も成り立つのである。

したがって、アルツハイマー病とは何かを考える時に、その現象形態が脳の機能の歪みであるからといって、脳の実体のみにその歪みの構造を探し求めても、答えは出ないのである。ではいったい、どうしたらよいのか。その時に指針として必要となるのが、病態論の一般論であり、その一般論を支える構造の論理ということになる。

アルツハイマー病及びそれを含めた認知症については、次回詳しく論じることにするが、それは、いかなる病気もその病気を究明するためには、病態論の一般論及びその構造の論理が指針として必要であることを、アルツハイマー病を例にして説くことになる。

（続）

9　人生の夢を叶えるための健康を求めて（一）
――時代が求める予防医療的健康診断を説く

高遠雅志

目次

（1）はじめに

「もう内科医は続けられない……。もう体も心もボロボロだ……。これ以上、この大学病院で働き続けることはできない……。自分は今までここで何をやってきたのか、何のために働いてきたのだろう……。」

当時、大学附属病院という医療の最前線で、約十五年もの間、私は第一線に立つ内科医師としてプライドを持って働いてきました。病に苦しむ人々を救うという医師の仕事に憧れ、医師を目指して勉強を続け努力の末晴れて医師になることができました。自分がずっと憧れてきた医師になり、診療や研究はもちろん、医学生への教育、後輩医師の育成を行ってきた自分でしたが、大学附属病院（以下大学病院）の人の生死を分ける過酷な医療現場で働き続けることは、当時の自分にとっては、もう肉体的にも精神的にも限界のところにまで来ていました。あまりにも多忙な業務に追われて、それまでの自分では絶対に犯さないような信じられない失敗が続き、医師である自分自身への信頼やプライドを失っていき、実際に体そのものも壊してしまいました。結果的には大学病院を辞め、通常の内科診療からも離れることとなりました。

こうして私自身の健康診断の分野への転身は、内科医師としての苦い挫折から始まったのであり、体も心もしばらく休養させた後に、仕事量などを考慮し体への負担が少ない、ある病院の健康診断室の所属医師として働くこととなったのでした。

私と同様な経緯から健康診断の業務につくことは、少なからず聞く事ですし、また女性医師が出産・子育ての時間的制約で健康診断の業務につくということもよく見られることと思います。

したがって大学病院を辞め、健康診断に関わった当初は、大学病院の内科と違い、何一つプライドの持てないような単純な診療内容に、正直大きな溜息が出るような落胆と、そのような仕事に就かなければならなくなった自分への情けない感情さえ抱いていました。しかし体を壊した自分が生活をしていくには当時その手段しかなかったわけで、健康診断の仕事に就く以外は考えられなかったのです。

ところがそのような健康診断も本来の目的をしっかりと見すえて業務を行っていくようになると、関わり始めた当初抱いていたマイナスイメージは徐々に消えていき、健康診断という診療は、医師としてやりがいのあるプライドの持てる大事なものであると実感していくこととなったのです。つまり、健康診断の業務についた当初はルーティンワークをただただ行うだけでしたが、健康診断を行っていくにつれて、内科医師として診療をしていた時には全く見えなかった、健康診断の持つ本来の意味や意義がはっきりと見えてくることにもなったのです。

そして気がつくと、健康診断の診療に関わり始めて既に七年もの月日が過ぎて行きました。その中で、健康診断の本来の意味や意義に留まらず、内科や外科を問わず現代医療が抱えている大きな問題が見えてくることにもなり、その結果、予防医療としての健康診断という分野の大きな可能性が見えてきたのです。

本論文ではそれらの診療経験を踏まえて、現代医療の健康診断の分野における現状や、そこに存在する問題点を明らかにしていくと同時に、何より健康診断に関わる仕事は、医療現場の第一線で働く内科医師や外科医師と同様に、とても医師としてやりがいがあり、かつ最高にプライドの持てる仕事であり、それは人々が人生でなるべく病気で苦しまずにその人の人生を全うできるように導いていける素晴らしい仕事であることを説いていきたいと思います。

（2）健康診断後の診療の現場から
――内科診療への問題提起

ここで健康診断に関わる診療の現場で行われていることを一つ問題提起として、少し述べていこうと思います。

そもそも健康診断の目的とは何かを端的に言えば、それは病気をできるだけ早期に発見して治療につなげていくこと、さらに病気そのものを予防することです。

誰でも働き盛りとなる四十代を越えてくると、自分の健康状態が気になってくるものです。例えば、「最近血圧が高くなってきたなあ……。親父も高かったよな……」、「前回の健診でコレステロールを言われてしまったなあ」、「血糖値が高いと言われたなあ……。最近太ってしまったし……」等々です。

そして健康診断を受け、何らかの異常を指摘されて内科の受診を指示されてしまった人が、どのような診療を受けていくかについて少し触れてみましょう。実際に内科診療に関わっていた私がそのような人々の診察をして感じていたことでもあります。健康診断に関わった今でこそ話せることですが、大学病院の内科外来の現場において私が当時疑問に思っていたのが以下のようなことでした。

それは、健康診断の結果で境界異常値にある人々が受診して来るのですが、それらの人々はいわゆる生活習慣病である高血圧や脂質異常、糖代謝異常、痛風の原因となる高尿酸血症等々を指摘されていても、それらの病気がまだ投薬をする段階にまで至っていない人が大半です。

本当に忙しい内科外来での診療の中で、このような人々が受診すると、当時の私は、「何で投薬の必要もないのに受診するのだろうか。大学病院に来て良いのは投薬や手術が必要な（本当の？）病人であって、このような人々は大学病院ではなく、診療所の先生や保健師や栄養士が対応すべきではないだろうか。まだこのような軽い状態で受診するなんて……。そもそも健康診断の受診判定の基準値そのものがおかしいのではないか。それ以前に投薬が必要な状態にまでなっていないのだから患者が自分自身で気をつけるべきではないか……」等々ブツブツ患者に聞こえない様に陰で看護師に言っていました……（今振り返ると本当にゴメンナサイですが……）。

受診してきた患者に対しては、内科医師として私は一通り、健康診断で指摘された異常値の意味を説明し、検査数値が悪化して体を壊すことや服薬することにならないように、食事や運動、休養などの一般的な指導を行い（それもごく簡単に……）、次の健康診断まで生活改善をして様子を見ていくように指示を出していました。

しかし受診した患者のその後については、ほとんど関知しないという状況でした。患者たちは医師に指示を受けた通りに、しばらくは自分の検査数値の原因を自分自身で気をつけることもあるでしょうが、すぐに元の生活に戻ってしまうのが常でした。

以上のことは、本当に忙しい内科診療に関わっている内科医師のほとんどが思い当たることと思います。このような状況がどのようなことを招いているかというと、近年の日本における生活習慣病の増加であり、例えば、現在日本人の五人に一人は糖尿病もしくは糖尿病予備軍とさえ指摘される現実です。

これらが生じてきた理由は何なのでしょうか。それは健康診断をせっかく行っても、その健康診断の結果を、医師も受診している患者側も病気の予防のためにきちんと活用できていないということであり、これは診療に関わってきた医師の誰もが感じていることではないかと思います。

確かに生活習慣病の増加が問題になっている近年、国レベルの施策で特定健診・特定保健指導（メタボリック症候群の予防と改善を目的とするもの）が立ち上げられていますが、この事業自体も、そもそも対象である多くの人が受診していないことや、たとえ受診して必要な保健指導をきちんと受けたとしても、その人の病気予防にまで効果が上がっているかどうかは疑わしい等の様々なことが問題となっており、生活習慣病予防に十分効果を上げられていないという現実があります。

また、現在の日本は高齢化社会を迎え、医療費の増大という大問題を抱えており、現実的にはこの難局をどう乗り越えるかが国全体で論じられています。そもそもなってしまった病気を治療して治すということは非常に困難であり、その治療には現実的に、国政レベルで莫大な医療費がかかることがわかっており、それならば、なってしまった病気を治すということよりも、病気にならないよう予防するということが、働く人々やその家族の健康を預かる健康保険の保険者からも注目され、予防医療としての健康診断の分野について、大きく注目されるようになってきました。

このような日本の現状に対して、本来あるべき予防医療としての健康診断の役割を明らかにして、その解決策を提示していこうというのが本論文の目的です。そして何より、人生においてその土台となるのが、自分自身が健康であることです。人生の要となる健康をどうすれば守れるのか、病気知らずの人生を全うできるようにするにはどのようにすれば良いかをしっかりと説いていくのが本論文のもう一つのテーマでもあるのです。

(3)私が健康診断の専属医師として関わり当初見えてきたこと

とは言っても、私自身も体を壊して内科診療を一旦退くことになるまで、先ほど述べたような内科診療を行っていたのでした。その後、体を壊した私は大学病院を離れ、市中のある病院で勤め始めました。この病院には二年半ほど勤務しましたが、毎日数十人程の健康診断を行い、時に学校健診にも携わりました。

少し無理をするとたちまち体調を崩し寝込むような当時の私の体調でしたので、ただただ健康診断のルーティンの業務をこなしているに過ぎませんでした。しかし、意気消沈した私が健康診断に関わって数カ月ほどすると、ある思いが私の胸の中に浮かんできました。

それは「あれっ、世の中のほとんどの人は健康なのだなあ……」ということでした。なぜそのような思いを抱いたかと言えば、大学病院の診療現場では、診療所の医師がサジを投げるような重症、難病患者がメインで、精密検査や投薬、手術が必要となる患者たちが毎日受診してきます。そのような中で医師として働いていると、「世の中は病人だらけ！」というおかしな感覚にも陥っていたのでした。しかし、健康診断に関わり、人間ドックや住民健診、企業健診、学校健診などの現場に出てみると、当たり前ですが、重症、難病患者は全くいません。世の中のほとんどの人は健康と言ってよいと思うようになりました。つまり健康診断の結果が多少基準値から上下していても、ほとんどの人が病院にかかる必要のない人ばかりであることを実感しました。大病院に勤務して朝から晩まで働き続けている医師は、このように感覚が通常の人とずれていることが往々にしてあるのです。

また健康診断の専属医師として働き始めた当初の二年半の間で、健康診断の受診者の結果をたくさん見ていくうちにあることが見えてきました。それは検査データが基準値範囲内にあるいわゆるデータがキレイな人は、ほとんど病気にかからず、そのような人は高齢でも非常に元気な人が多いということでした。逆に、血液データ等が基準値範囲から外れているデータの悪い人は、すでに投薬を受けていたり、その後投薬が必要となったり、様々な病気にかかっていくということも見えてきました。私の内科や健康診断の診療の経験からも、皆が最も恐れる怖い病気であるガンも、健康診断で何かしらの検査異常を伴う人がかかりやすいようにも感じてきました。

このように書くと、「何を当たり前のことを！」と言われるかもしれませんが、内科での診療と違い、正常の人のみならず、検査の基準値から外れた人までたくさんの人々の健康診断を行うと、その様々な検査結果からそのような傾向があるということが明確に見えてきたのです。

そして私が健康診断に関わり始めた当初の二年半の間で、私が驚くほどに健康診断の結果が変化するような人も見られるようになりました。

それはある六十代の男性受診者で、血圧やコレステロール、血糖値などの検査数値が一年の内に著しく改善することがあったのです。さらに別のある男性受診者では、何年も腹部超音波検査で指摘されていた脂肪肝が一年の内に正常な肝臓に戻ったのでした。この受診者は、それまで高血圧で薬を服用していましたが、血圧も下がり、降圧剤も作用の弱いものに変わり、主治医からは近いうちに投薬を終了するとの指示を受けていると嬉しそうにしていたのを覚えています。

大学病院での内科診療では通常、高血圧や脂質異常、糖尿病などの生活習慣病で一旦服薬が必要となった人が自然に軽快して投薬が不要になるということは極めて稀で、ましてや脂肪肝が治ることは、内科診療に関わっていて恥ずかしながら私は見たことがありませんでした。したがって「これはどういうことなのだろうか……？」と本当に不思議に思いました。正直このような受診者が存在することが驚きで、「自分の行ってきた内科診療はいったい何だったのだろうか……?!」とそれまで行ってきた内科診療そのものを問う機会にもなったのでした。

このような経験をはじめ、たくさんの人々の健康診断を行っていく中で、大学病院の内科では見られなかった診療の在り方や、その可能性について気付かされていったのです。

(4) 大学病院から診療所で通常行われている内科診療とは
――私が健康診断に関わるまで行ってきた内科診療

ここで医療の第一線とされる大学病院や大病院に限らず市中の診療所までを含めた内科診療の現状についても、私の経験をふまえて触れていきましょう。

内科では、患者の訴えや現れた症状から診察を行い、必要に応じて検査が加えられ、診断がつけられていきます。その症状を治す、改善させるためには、端的に言うと内科の診療においては、「投薬ありき」が現状です。その症状を改善する薬が選定されると投薬が始まります。

現実的には感冒や感染症などの一般的な急性疾患を除き、慢性疾患たる高血圧症や脂質異常症、糖尿病、高尿酸血症などにおいては、投薬が必要な段階まで病気が進行してしまった場合は、ほとんど服薬を止めることはできません。それは病気がある程度進み改善が難しいということがあります。しかし、薬が止められないということにはもう一つの理由があります。それはどういうことでしょうか。

通常の内科診療においては、投薬が必要なレベルまで病んでしまった状態の患者に対して早急に対応が迫られます。そしてまずはその症状を改善させるために対症的に投薬が行われます。血圧が高ければ薬により血圧を適正域まで下げる、血糖値が高ければ薬で血糖値を適正域まで下げるという具合です。しかし、考えてみると、そのような治療が必要な状態になった患者の根本的な体の問題は、対症的な薬の投与のみで解決されるのかということです。

降圧剤が必要になった患者に適正に薬が投与されれば、確かに血圧は正常範囲になるかもしれません。糖尿病で血糖値が異常に高くなった患者に血糖降下剤を適正に使い、治療目標の血糖値にまで治療することは絶対に必要です。しかし、その人の血圧や血糖値が上昇したのは、その人の体が血圧や血糖値が上昇するような状態になったからです。降圧剤の投与で血圧が正常域に下がることと、その血圧が上がるようになった体の状態が改善することとは違います。なぜならその人の体を変化させた何らかの原因があり、その結果血圧が上がってきているのであって、降圧剤でその高血圧が生じた原因が消えることではないのは誰でもわかることでしょう。糖尿病も同様です。

ところが、その患者がどのような過程を経てそのような病気の状態になったかは、内科医師の前に座った患者からは何も見えてきません。そうであれば、その原因が解消されない以上、高血圧や糖尿病などの生活習慣病は、薬が止められるどころか、逆に薬が増えていくことにもなり、内科診療において通常、「一度薬を始めたら一生飲み続けなければならない」という原因はこういうところにもあるのです。

このように言うと、「高血圧、糖尿病、脂質異常症といった生活習慣病などの慢性疾患に対して、減塩やカロリー制限などを含めた食事療法、運動療法など、病気になった体質そのものを改善させる取り組みはどこの内科でも行っているのでは？」との反論があると思います。

しかし、忙しい内科診療の中で、薬を止めることができるようにいくら頑張っても、いつ改善するともしれない患者の生活指導を根気よく続けていく内科医師が果してどれだけいるでしょうか。それどころか、医師が生活習慣の改善にのみ固執して投薬をずっと躊躇し、患者の状態が悪化した場合は、その医療行為自体が訴えられてしまうことにもなりかねません。それこそ、生活指導で治るかわからない患者に手をかけるよりも、投薬が必要な患者を一人でも多く診療して患者を救いたいというのが、臨床に関わる内科医師のほとんどの意見なのではないでしょうか。

ところが健康診断の現場においては、そのような治療が必要な段階にまで至った受診者はほんの一部であり、ほとんどの人が健康といえるような状態だったのです。

（5）健康診断の専門医師として
受診者の生活までをみてとることへ

さて、健康診断に私が関わり始めた二年半の間は、ルーティンの業務をこなすことに徹して自分の体の回復に努めたので、受診者の健康診断の結果もただただ眺めるだけだったのですが、二年ほど経過して体調的に少し余裕が出てくると、受診した人がどのような生活を具体的に送っているかということにも非常に興味が湧いてきました。受診者がどのような生活を送ると健康診断の結果にどのような影響を及ぼしてしてくるかということです。このようなことに私の関心が向いていったのも、他の医師とは少し違った学びの場があったからなのですが、このことは後ほど触れていくこととします。

当初働き始めた病院は二年半を経過したところで、事情で退職することとなり、別の市中病院の健診室で働き始めることとなりました。その頃から受診者の問診票や診察時の問診から少しずつ受診者の生活を聞き取る作業も行い始めました。受診者がどのような職業に就いていて、日頃どういう日常生活を送っているかということをふまえて、様々な年代の受診者の健康診断を行っていきました。

そうしていくと数年もしないうちに、受診者のそれぞれの特徴ともいえるものが私に見え始めてきて、どういう人が病気になり、どういう人が健康のまま人生を全うしていくのかということも、意識的に見ていくとそれがきちんと見えてくるようになってきたのです。

たとえば「年をとっても仕事を続け手足をよく使い、体をよく動かす人の検査データは正常で、病気知らずである」ということや、「デスクワークで体を一日中動かさず、朝から晩まで仕事に追われている中年男性は太りやすいし、様々な病気にかかる」ということも見えてきます。

また、仕事や家族のことで一時的に忙しくなると（忙しいということは食事が乱れやすく休養が十分にとれないことにもつながります）、血圧が高くなってしまったり、血液検査の結果に影響が出たりしますが、仕事や家族のことが落ち着き、元の安定した生活に戻れば、血圧や検査データの異常がスーと何事もなかったように戻るということもわかりました。つまり「日々の生活の在り方で人間の健康状態というものは常に揺れ動いているものなのだなあ……」ということが、実感として分かってきました。

それが分かってくると、どうすれば体調を良いままで維持できるのか、どのようなことをすれば体調が悪い方向に進むのかという日々の過ごし方の重要性が見えてきて、その人が普段どのような生活を送っているかということをしっかり見てとることが、健康診断に関わる医師としては大切であるということが実感されてきたのです。

このことはしっかりとした病気になってしまう以前に、何とか手を打てば、病気そのものを予防することができ、またある程度進んだ病気の状態でも、病気そのものの進行を遅らせて安定した状態に持っていくことや、病気そのものを改善させる可能性があるということも、健康診断に関わることで実際に分かってきたのでした。

（6）健康診断後のフォロー外来を始めての驚くべき成果
——健康診断に関わる医師こそが病気を未然に防ぐことができる

このような健康診断に専属医師として関わり始めて約五年経過した時点で、健康診断受診後に生活習慣病を指摘され、受診が必要な患者のフォロー外来が重要であるということで、そのような外来を正式に始めることとなりました。対象者のほとんどが投薬を必要としない境界異常値の結果の受診者です。

これは大学病院で内科診療を行っていた頃に自分が一番避けていた患者たちです。当初自分自身も、「きちんと指導できるであろうか。そもそもフォロー外来は意味があるものだろうか」という思いが少なからずありましたが、これについては結果を先に言ってしまうと、自分でも驚くほどの大きな成果がもたらされることになりました。

例を挙げると、四十代から五十代の働き盛りの中年男性のメタボリック症候群の受診者において、脂肪肝に伴う血液検査での肝機能異常については、私の指導を守った全ての人が正常化しました。これには指導をした私自身が驚きました。

ある四十代の男性受診者は「肝機能異常と言われて十年、医師や保健師の指導を受けて改善したことは一度もない。今回は妻に言われて来たけれど、今回もハッキリ言って無駄だと思う」と、医師の私に悪びれることもなく言い切ったのですが、この受診者は数カ月内に肝機能が正常化しました。その後１００kgを超えていた体重の10kg以上の減量をも果たせたのでした。この結果には本人も驚いていました。また、五十代の女性で脂質異常を契機に受診された患者がいました。もともと細身体型だったそうで、診察室でもそのように見受けましたが、年齢とともに体重が増えたとのことで、「そんなに太っていないのでは？」と本人に問うと、「実はお腹がポッコリなのよ」と苦笑いをしていました。私の生活指導を受けた以降、食事や間食に注意し、適正体重になると、脂質の検査データが改善するとともに、それまで自覚していた不整脈症状（循環器内科受診で経過観察の指示をもらっていた）が消失しました。患者自身は、「それよりも若い時に着ていた服が着られるようになったのよ。それが一番嬉しい！（笑）」と喜んでいました。不整脈の自覚症状が食事指導を中心とした生活指導で消えた患者は、この患者以外にもその後現れました。

これらの例はほんの一部で、大学病院で内科診療をしている頃には見られなかった、高血圧や脂質異常、糖代謝異常をはじめとしたメタボリック症候群に伴う病気の改善例が続出し、私自身が驚くことになりました。このことはまさに病気になってしまう前の段階で対処し、病気を予防するという本来の診療の形があるということに気付かせてくれることになったのです。

では私がこれだけの成果を上げられるようになったのはなぜでしょうか。私が健康診断後のフォロー外来の患者たちをどのように診察し、その診察結果をもとにどのような指導を行っていったのでしょうか。何か特別なことを行ったのでしょうか。

さらに、なぜ私がこのような診療を行えるようになったのでしょうか。それは内科診療の経験をしっかりと積み、その後に健康診断の分野に進んだからでしょうか。それとも、内科と健康診断の診療の両方の経験を積んだからできたことだったのでしょうか。しかし、それは両方とも違います。

それは、私には通常の医師達が歩む学びの道とは少し違った学びの場があったからです。つまり大学の医学部や医師となり第一線の医師の集う大病院での学びだけでは得られない、とても重要な医師としての研鑽の過程があったからなのです

次回はその研鑽過程とはどのようなものであったのかという〝秘密〟を説きあかし、さらにそれをふまえて健康診断の診療とは本来どうあるべきかということについて説いていきます。

（続）

10 〔提言〕「法医学」は「医法学」となるべきである

——医師は「裁判に訴えられずにすむための法律」（「裁判医学」＝「医法学」）を学ぼう

本田克也
菅野幸子

目次

はじめに——初めて法医学を学ぶ医学生、そして昔々に学んだ医師の方々へ

「法医学」という言葉を知っているだけの医学生のみなさん、あるいは法医学を過去において学んだ医学生や研修医のみなさん、みなさんはこの「法医学」という言葉からどのようなことを思い浮かべるでしょうか。

たいていの人は、『法医学』は授業で習ったことがあるけれども、単位を取るために適当にしか教わっていないので、どういうイメージを浮かべるかと聞かれても、答えようがありません。たしか法医学というのは、死体解剖とかＤＮＡ検査などという話があったようだけれども、とにかく現在ではもうアタマの片隅にもありません」といった声や、「きちんとは教わっていないけれども、法医学とはもしかすると医療訴訟にも関係するのだろうか。なぜなら、医療訴訟の大変さは多くの先輩たちから聞いたことがあるから。けれども自分としては、実際にそうしたことに巻き込まれる人は稀だと思うし、万

が一必要になった時には、弁護士に相談したりすればよいのではないか」という程度の答えしか返ってこないと思います。

しかし、みなさん。たしかにみなさんが大学で勉強した「法医学」というのは、そういう程度のものだったと思います。それ以上の内容はたしかになかったと言ってもよいでしょう。しかしそのようなみなさんに、ここでどうしても説きたいことがあるのです。それは、本来の法医学というものは、そういうことではなかったのだ、ということを、です。

もともと「法医学」という学問分野を創設した学者は、東京帝國大學の片山國嘉《クニヨシ》という人でした。この人は、国の要請によってドイツ及びオーストリアにおいて西洋医学を学び、その成果をひっさげて、日本の医学文化を高めていきたい、なかんずく、日本でも「法医学」の実態というものがどうしても医学部の中で必須の学問でなければならないという思いに駆られて、東京帝國大學医学部に、「裁判医学」の講座を設けた大人物でした。

この「裁判医学」が後に「法医学」となったのですが、それは、みなさんが大学で習ってイメージしているような法医学では絶対になかったのだと、しっかり分かってください。

詳しくは後々論じますが、最初の名称であったこの「裁判医学」という言葉にまじめに注目してほしいのです。この「裁判医学」との言葉を見て、読んでみれば分かるとおり、現在の「法医学」での内容では、ぴったりとは当てはまらないということが、すぐに誰でも分かるはずです。

法医学という言葉は、正直に言って「?・?・?」のはずです。でも、「裁判医学」という文字を見て、しっかり読み、かつ声に出してみてください。たいていの人は「ギョッ！」となるはずです。たとえて言えば、あなたが小学校一年生だった頃、お母さんに「ウソをつくとエンマ大王に舌を抜かれるんだよ」と言われたら、「ぞー！」としませんでしたか。それくらいの響きが「裁判医学」という言葉にはあったはずです。

それは、裁判という言葉がとても厳しく、怖いものだからです。そのとおりに、片山國嘉が志した「裁判医学」の中身は、通常の医師が、通常の医療行為で裁判にかけられてはならない、との思いで、東京帝國大學医学部にて教授し始めたものだったのです。

つまり、法医学の大本の講座である「裁判医学」というのは、簡単に一言で説けば、医師の行為が絶対に裁判にかけられないようにするための基礎的な学科であったのだ、と覚えてください。それがどうして「法医学」という、わけの分からない言葉になったのかは、後でしっかり説きますが、片山國嘉の目指した「裁判医学」というものを現代の用語に直せば、医師が裁判にかけられて有罪になったり、場合によっては刑務所に行かされたり、あるいは多大の損害賠償を命じられたりといった、不名誉なことにならないようにするための基本的な学問という意味なのです。

片山國嘉はそういう学問を目指して「裁判医学」という講座を設けたのです。ですから、ここはもう一度学問的に説き直すと、「裁判医学」というのは現代用語に置き換えれば、法医学ではなくして、「医 法学」でなければなりません。あるいはもっとくだけた形で表現すれば、「医の裁判学」、あるいは、「医術に関わる裁判術」とでも説いた方がよいものです。

そこで私たちは、法医学に代わる現代用語として、「裁判医学」に相当する「医 法学」という学問名を提案することにしたのです。

しかしここで説く「医 法学」は、医事法の条文を単に知識として勉強してもらうためだけのものでもありませんし、単なる医療訴訟の事例集とか訴訟対策のノウハウを説いたものでもありません。「医 法学」とは、医師としての業務を行うために、どのようにしたら違法性を問われることなく、着実に医療行為を貫徹することができるかを理論的に説くもの、つまり医療実践のために必須となる法を体系的に習得するための学問です。

みなさんが大学で習う「法医学」は、異状死に関わっての死因究明が中心に扱われていますので、生きた患者を対象とする臨床にはほとんど関係のない分野と思っている人が多いはずです。

しかしながら、本稿で説く「医 法学」とは一言で言えば、日々、医療現場で働く医師を法的に守るための学問領域なのです。後で詳しく述べますが、実は日本の法医学のルーツを辿ると、決して死体解剖が主たる内容だったわけではありません。

たしかに犯罪などに関わる死因究明も社会の要請で重要視されてきた側面はありますが、日本における法医学の始まりにおいては、単に犯罪死の究明といった次元ではなく、医療の全ての領域にわたって、そもそも医師として守るべき法とは一体いかなるものかを学問的に問うことが根幹に据えられていたのです。すなわち、医師に法的な素養をしっかりと身につけさせて、医療実践できるようにすること、医学的な知見がどんなに豊富にあっても、そして技術的にどれほど優れていても、法的に無知なあまりに、そのことで医師としての人生を棒に振ってしまう、これまで努力して積み上げてきた医師としてのキャリアが一瞬にして崩壊してしまう、などということにならないように医学生を教育していくことこそが、主眼にあったのです。

序章　法医学を「医　法学」として学ぶ意義

医師という仕事は、人間の病気の診断と治療を行うことであり、これは人間の身体に直接的もしくは媒介的に働きかける行為です。

例えば診察の際に、口を開けさせて喉を診たり、聴診器を胸に当てたり、お腹を触診したりといったことに始まり、検査が必要とあれば、採血をしたり、鼻の中に綿棒を入れて粘液を採取したり、胸のレントゲンを撮ったりし、そうしてどのような病気であるかを診断したら、今度は薬を投与したり、点滴をしたり、あるいは手術をしたり、……とさまざまな治療を行っていきます。

法というものを具体的に習ったことのないみなさんは驚くかもしれませんが、こうした身体へ働きかける行為というのは、通常の社会生活においてはどれも国民として許されない違法行為、とりわけ刑法に違反するような行為、つまり犯罪として罰せられかねない行為なのです。例えば暴行罪や傷害罪、あるいは強制わいせつ罪などといった犯罪です。

また問診では患者の生活歴などを尋ねたりしますが、これは個人情報を聞き出していることになります。

医師の側からは、病気の診断・治療のために必要な情報であるから聞いただけなのに、患者によっては、「なぜそこまで個人的なことを話さなければならないのか」と不信感を持たれる場合もあるのです。こうした行為そのものは、状況によってはプライバシーの侵害とみなされ得ることにもなります。

このように述べると、みなさんの中からは「でも医師の場合は、患者の病気を治すために身体へ働きかけているわけですから、他の（医師以外の）人が他人を傷つけたりするのとは目的が違います。だからよほどのことがない限り、罰せられることはないのではないですか？」

との答えが返ってくるかもしれません。

しかしそうした考えは非常に危険なのです。たしかに、本来通常の社会人であれば、法的には到底許されないものとして、例えば傷害罪などとして罰せられるところを、医師が行う医療行為については「正当行為」として罰せられないことになってはいます。

刑法　第三五条（正当行為）　法令又は正当な業務による行為は、罰しない。

しかし医師が行う医療行為だからといって全てが無条件的に正当行為とみなされるわけでは決してありません。刑法では、正当行為とみなされる限りにおいては、違法性を阻却されて罰せられない、医療行為もそうした正当行為であれば、罰せられない、ということです。つまり、医療行為イコール正当行為というわけではなく、「正当行為」として認められるには、認められるだけの然るべき条件があるのだ、ということです。

しかしながらこの肝心要のこと、医の法に関する最も基本的なことが医学部ではまったく教育されていないがために、医事法について多少断片的な知識をアタマに入れただけで、あやふやなままに医学部を卒業して医師となって、自分としては普通に正しく診療していたつもりが、本当に思いもかけないところで（法の枠組みを知らず知らず踏み外していて）患者側に訴えられた、警察に通報された、などといった事実が数多くあるという恐ろしい現実があるのです。

例えば、男性医師が風邪の症状で受診した女性患者に対して、聴診器を当てて診察していたところに、ふと、体に赤く腫れている箇所が目にとまり、「あれ、これはどうされたのですか？」と聞きながら手で触ったとしましょう。

医師としては皮膚の状態を確かめようとしただけ、だったのですが、患者によっては、私は風邪で受診しただけなのに、いきなり何の断りもなく胸を触られた！　となって思わず叫び声を上げそうなくらいにゾッとなり、警察沙汰になりかねないことにもなるのです。実際に似たような事例で、刑事裁判になったケースもあります。

あるいは、司法解剖に送られてきた事例で次のようなものがありました。急激な腰痛を訴えて来院した高齢の患者に対して、医師がレントゲン写真を撮ったところ手術が必要であると判断しました。そのため患者に手術を勧めたところ、その患者はなかなか納得せず、入院中に病棟から抜け出して入水自殺をしてしまいました。

医師は普通に手術を勧めただけだったはずで、手術が最も良い選択肢と判断して説明したはずなのに、患者側は、手術などしたら到底この先生きていけない、介護が必要になるだろうが、私には頼れる身内が誰もいない、と精神的に相当追い詰められてしまったようです。その後遺族からは、適切な説明がなされたのかが厳しく問われました。

また、ある一人暮らしの高齢のがん患者が診察に訪れた際のことです、普段遠方に住んでいる息子さんもその日は同伴して、一緒に主治医の話を聞く予定になっていました。ところが電車が遅れて息子さんが病院に到着する前に診察時間となってしまいました。主治医は検査結果を患者本人に一通り説明し、次の抗がん剤治療について説明した上で診察を終えました。

遅れてきた息子さんからは、どうしても話が聞きたいとの申し出がありましたが、その日はかなり予約患者で込み合っていてとても対応できないと受付を通して伝えました。患者本人も治療方針について特に疑問は呈していなかったので、了承しているものと思われました。多忙の中、何とかこの日だけはと時間を作って遠方から駆け付けた息子さんは、主治医の話を聞けずにやむを得ず帰宅しました。

その後、患者には予定していた抗がん剤治療が開始されたのですが、容体が悪化して間もなく亡くなりました。息子さんからは、なぜあの時、主治医は経過を説明してくれなかったのか、もしそれを一緒に聞いていれば、そして父と話し合っていれば、父本人も抗がん剤治療をするかどうか判断が変わっていたかもしれないのに。現に父は、これほど副作用がひどくなるとは予想しておらず、亡くなる少し前に「あの医者は人殺しだ」と言っていた。あの抗がん剤を使わなければ、こんなに早く亡くなることはなかったかもしれないのに、と医師の対応に対してのクレームがありました。

こうした医師への不信感を抱く事例は枚挙にいとまがないほどであり、そこから、刑事責任が問われて警察の捜査が入ったりとか、あるいは民事責任が問われて莫大な損害賠償を請求されたりといった訴訟問題に発展するケースも多々あります。

とりわけ最近では、裁判員制度の導入もあり、社会全体として被害者の人権を擁護する動きが高まっていると も言えます。そうした中で、医療現場においても、以前では訴えられることのなかったレベルの医療行為でも訴えられるようになったり、また医師の行為の一つ一つの中身が裁判上でかなり緻密に厳しく問われる、医師としての人格レベルまで厳しく追及されるといった傾向にもあると言えます。

そのため、医師を目指す人は〝法が守ってくれる範囲〟というものを実際の裁判例でしっかりと学び、自らの認識の中に留《と》めながら、つまり、ここまでは実践できるというボーダーライン、あるいは、ここから先は注意して進めなければならないというグレーゾーンはどういうところなのかをしっかり分かっておく必要がなんとしてでもあります。そうすることによって初めて、自信を持って医師としての人生を歩くことができるのです。つまり、分かりやすく言えば「医の法学」を学べば、法的な観点から見て決して致命的な失敗をせずに医療ができるようになる、ということです。

みなさんに強調しておきたいのは、医師というのは自分の得意な分野でいかに見事な成果を上げていたとしても、一度でも違法性を指摘されれば、その後の人生を棒に振ることにもなり得るということです。「こんなはずじゃなかった」とうろたえつつ、医療業務よりも訴訟対策の方を余儀なくされて（最悪の場合、有罪判決が下されて医師免許取り消しともなります）人生の大半の時間が潰れてしまいかねません。

それでも「法律の専門的なことは難しそうなので、そうしたことは、弁護士に頼んだらよいのではないですか」と思う人もいるかもしれませんが、医師としては、そもそも裁判沙汰というような大事に至らないようにすること、つまり「決して法の枠組みを踏み外さない」あるいは「踏み外しそうになったとしても、社会的な（法的な）責任を問われなくてすむように危険を回避できる実力を、自らの実力として身につけることこそが最も大事なことなのであり、そこをぜひ分かってほしいのです。

二〇〇〇年代に入って医療訴訟が急増してきたこともあり、そうした事態を未然に防ぐためにも、法律の専門家が医事法についてのセミナーを医師向けに開いたりしています。また大学医学部においても、医療倫理や研究倫理、そして医事法に関する講座が定期的に設けられており、全ての医学教員や医学生に対して受講が義務づけられています。

しかし多くの医師にとっては、法律自体が専門外であり、あまり馴染みがないために、それら医事法学の講演などを聴いても今一つ十分な理解ができない、自信が持てないといった人々が少なからずいるのも事実です。

また医療過誤や医療訴訟などを扱った書物もたくさん出ています。その中には医師が書いたものや弁護士が書いたものなどもあり、中には医師と弁護士の両方の肩書きを持っている人が著したものもあります。しかしながら、これらの書物は、訴訟になった具体例（判例）を挙げてそれを解説したり、医療ミスに関連した刑法や、民法の条文について説明しているものがほとんどです。そして、こういうケースであれば、このように行動していれば有罪にはならなかったであろう、との対処療法的な解説に終始しているのです。

しかし実際の現場では患者への診療はそれこそ千差万別であり、それら個別のケースと同様の事例ばかりとも限りませんので、それらの解説に記されていることを覚えていっても、おのずと限界があります。

どのような患者のどのような事態に直面しても、法の枠を踏み外さないためにはどうしたらよいかの、具体性を持った一般的な指針を分からせてくれる著作はまったくないのです。理由は簡単です。それは医療を法の範囲内でどう実践するかを「理論的に」研究してきた専門家が皆無であるから、なのです。

医学部で本来学ぶべきことは、まずは「法とは何か」そして「医療とは何か」の一般論をふまえた上で、医療行為に関わる法の特徴をしっかりおさえていくことです。本論文においては、みなさんが医師となった時に、どのように診療に当たればよいのか、どうすれば法的枠組みを踏み外さずに診療行為ができるのか、そのための一般的な指針について分かりやすく説いていきます。

医学生のみなさんは、本論文に学ぶことで、医事法というものの（教科書などには書かれていない）一番基本的なところから理解していくことで、まずは法に対する壁、苦手意識を取り払ってもらいたいと思います。そして医事法が他の法律と比べてどのような特殊性を持つものなのか、そしてそれはなぜなのかということも分かりやすく説くことを心がけましたので、法医学を含めた社会医学の授業の中で習う様々な法律も、単に個々バラバラに覚えるということではなく、体系的なつながりあるものとして捉え返せるようになるでしょう。

そして実際の診療現場に出たときに、個々の法律を個別のケースごとに当てはめるのではなく、法的な観点から、一般的に患者の診療に当たってはどうしなければならないのかをおさえて、個々の患者の状況・状態に即して適切に判断し、行動できるような実力をつけてほしいのです。

人間の病気の診断・治療に関わっての法的な素養が身についているのといないのとでは、医療実践のあり方が実に大きく変わってきます。法的な考え方をふまえるということは、まさに医療実践の根幹に関わってくることなのです。

なぜなら医療の対象は、生きている人間の病気ですが、その人間は社会的な存在です。この社会的な存在であるとはどういう意味でしょうか。「社会あるところ法あり」（ラテン語 ubi societas, ibi jus）との諺にもあるように、人間社会は法によって統率されており、人間は生まれてくる時から死ぬ時まで、そして死んだ後までも、諸々の法律によって社会活動を規定されています。

つまり人間（社会的存在）としてどのように行動すべきか、してはならないのか、ということが法によって定められていて、それに則って生活しなければ絶対に生きていけない存在です。

ここで法というものを一般的に述べれば、法とは国家が国民の社会生活を統括するための要となる規範です。国民の意志を統率するためになくてはならぬものなのです。

詳しくは本論で説いていきますが、法は、人間社会の根幹を支えるものとして、現代に至るまで、社会のあらゆる領域に亘って創られ、網の目のように張り巡らされています。社会を統率するために、最低限、これだけは守るように、これを守ってさえいれば、その範囲内では自由に行動することが許されますよ、しかしその範囲を逸脱した行動をとると国家によって罰せられますよ、そういう規範が法なのです。

医療のあり方に関しても、やはり国家的統一が図られなければなりません。なぜならば、もし国家としての統一が図られなければ、医師はそれぞれの力量で、各人の行いたいように各人の裁量で診療を行うことになるでしょう。そうなると、医療格差が常態（日常当たり前の状態）となり、国民全体としてのある一定レベルの健康が保てない、ということになりかねないからです。このことはとりもなおさず、憲法で規定された国民の生存権の侵害ということにも繋がってくる一大事です。

だからこそ、全国統一での医師国家試験を受けさせて、国家が認めたある一定水準の実力に達した者のみに医師免許が交付される、という仕組みになっていますし、医師になった後も、全国的に統一された診療報酬制度に則って、医師は診療行為をしなければならない仕組みになっているのです。

そしてもしその規定を踏み外した行為をすれば、必ず何らかの罰則が設けられているのです。例えば医師免許を持っていないのに医師であると偽って診療を行ってしまうとか、です。

医学生のみなさんに念頭に置いてほしいことは、医療行為というものが国家においてどのような法的枠組みのもとに認められているのか、許されているのか、ということです。

法と医療の関係について少し具体的に述べれば、まずは国の最高法規である憲法によって、全ての国民は人権を保障され、個人として尊重されること、生命、自由及び幸福追求の権利を有すること、健康で文化的な最低限度の生活を営む権利を有すること、等が規定されています。そしてそのもとで、憲法に反しない形での諸々の法律が定められていて（この点について詳しくは、今後本論で説いていきます）その法の枠組みの中で（ある意味、法によって守られながら）私たちは社会生活を送ることができ、その中で医療活動も行うことができているのです。

医療の対象である患者の一人一人、そして医師それ自体もそうした社会的存在としての人間であるということをふまえられているか否かによって、診察の仕方、治療の仕方も大きく変わってくることになります。医師は、ともすると患者はその人なりの社会生活を送っている人間である、ということを忘れて、その患者の病、病変部だけに目がいってしまうことが往々にしてありますが、医師は単に病気を治せばよいというものでは決してありません。

現実問題として、病気は治せたものの、思いもかけずに患者から訴えられた、などということにもなりかねないのです。ここを分かりやすく言えば、一人一人の患者は人権を有する個人として尊重されるという大前提を有していることを念頭に置いた上で、その患者がどういう人なのか、どういう身体と心の状態にあるのかを、しっかり見極めた上で、日々の診療の一つ一つの医療行為が、果たして相手の人権を尊重した行為たり得ているのか、少しでも侵害しそうな行為となっていないかどうか、ということを意識して、医療を実践しないと大変なことになるということです。

例えば、エホバの証人の輸血拒否事件などはその典型例でしょう。宗教上の信念から、手術の際に輸血を頑なに拒否していた患者に対して、手術時に大量出血をきたしたためにやむを得ず、医師は患者の承諾なしに輸血をしました。そのことで患者の生命を救うことはできたわけですが（つまり医療行為それ自体は正しく行ったわけですが）、しかしその後患者側から人格権を侵害されたとして訴えられました。これは憲法十三条に保障されている幸福追求権に含まれるものとみなされています。最高裁判所の判断としては、輸血をするか否かは、患者の自己決定に委ねるべきであったとされ、病院側には損害賠償が請求されました。つまり患者側が勝訴したのです。

このような事例からも分かるように、医師は単に患者の病気を治せばよいというものではなく、全て医療行為というものは、患者が自らの人生の中でそれを納得して受け入れるという大前提があった上でなされるべきものだということです。なぜならば、現代の法治国家においては、国民一人一人の人権が最大限尊重されるべきであることが、国の最高法規である憲法に規定されており、その憲法に反しないような形で他の全ての法律が定められていて、その法的枠組みのもとで全ての社会活動が営まれているからです。

憲法　第十三条　すべて国民は、個人として尊重される。生命、自由及び幸福追求に対する国民の権利については、公共の福祉に反しない限り、立法その他の国政の上で、最大の尊重を必要とする。

こうした事例以外でも、医師としては病気を治すために良かれと思って行った行為のはずが、思いもかけず患者の人権を侵害する行為となり、訴えられるといったことが往々にしてあります。医師の仕事というものは、法的素養をしっかり持つことなしに行えば、知らず知らずのうちに違法行為に陥る可能性があるということをまずは分かってほしいのです。

そして、医師としての診療を尽したにもかかわらず、思いもよらず、「犯罪者」としての容疑をかけられたり、損害賠償を請求されたり、といった事態に陥らないように、法的に許される範囲とはいかなるものかを主体的に判断できる実力をつけてほしいのです。

第一章　法医学の原点を探る
――現代法医学の始祖片山國嘉が創出した学問としての法医学（裁判医学）とはいかなるものか

医師たる者は、医療に関する法律の素養を身につけ、国法に則った医療実践をできるようにならなければならない。このことを日本で初めてしっかり説いたのは、我が国の法医学の始祖とされている、片山國嘉です。

彼は明治期に日本が近代国家を打ち立てていくに際して、医学教育に大きく貢献した人で、とりわけ大学における法医学講座の必須性を説き、東京帝國大學初代法医学教授となりました。

彼については、「法医学への入門（3）」（『学城』第十四号所収）でも紹介しましたが、彼は『最新法医学講義』等において、まさに医の法学の原点ともいうべき内容を説いています。医学生にとって、医の法を修得しておくことがいかに重要なことであるか、医の法学が医学全体の中でどのような位置を占めているのかを、本論に入る前にみなさんにぜひ分かってもらいたいので、彼の著書から少し引用してみましょう。

目下各医科大学には、既に法医学の講座があるけれども、数多の医学専門学校には、未だその講座の設けがない。これはなるべく速やかに設置することが最も必要である。最新の医学教育を受けたる日本の医師にして、尚この一科の修養に欠けたところがあるのは、とりもなおさず完全なる医師としての個人的資格の上での欠点である。医師として世に立つ以上は、その公に対する職務上の義務として、必要の場合には是非とも裁判上の証人または鑑定人とならねばならぬ法律上の規定のあることゆえ、多少法医学上の素養を与えておかねばならぬ。しからざれば、事に臨んで意外の不覚を取りたることの実例は決して稀有のことではない。またその素養なきがために、全く無意識の言動によって、裁判上に大なる不利の影響を与えることもあるから、医育の当局者も、また一般の医師諸君においても、是非とも平素法医学上に多少の注意を払うておくことが各自の面目のために甚だ肝要のことである。(『最新法医学講義』旧漢字・仮名遣いは新漢字・仮名遣いに改めた。以下同。)

ここで片山國嘉は、医師として法医学上の素養を持たなければ、思わぬところで裁判上不利な立場に立たされることがある、という警告を発しています。このことは、もっと言えば、(裁判上はもちろんのこと、それ以前にそもそも)裁判という大変な事態にまで至らないように、医師は法的な素養をしっかりと身につけておかなければならないのだ、ということをも暗に意味しているのです。

こう述べると「片山國嘉は「法医学」の祖であるというが、法医学というとやはり司法解剖などの専門家なのではないか」といった疑問を持つ読者もいるかと思います。たしかに、日本で初めて「法医学」という言葉を使ったのは片山國嘉ですが、彼が打ち立てようとした中身は「法医学」というより「医の法学」あるいは「医法学」ともいうべき中身であったことを見てとるべきなのです。

どういうことか少し説明しましょう。片山國嘉は四年に亘るドイツ及びオーストリア留学の後、東京帝國大學に「裁判医学」という日本で初めての講座を設けました。この「裁判医学」というのは、もともとヨーロッパで近代国家の形成に際して、裁判制度の発達と相まって求められるようになった学問領域です。

刑事裁判なり民事裁判なりにおいては、とりわけ人間の生命に関わる問題(殺人や傷害など)を取り扱うに際して、裁判官などの法律家だけでは判断できないことが多々生じてきました。そこで医師を召喚して専門家としての意見を聞き、医学的な知見をもとにして適切な判断を下そうとしたのです。

日本においても、明治期になると近代国家としての制度を急ピッチで作っていきます。とりわけ明治初期の日本は、治外法権のもとで欧米人との間の裁判では不利な立場に立たされることが多々ありました。欧米人が日本国内で罪を犯しても、日本はどうすることもできなかったのです。そこで、明治政府は条約改正の交渉を幾度も試みると共に、欧米人と対等に裁判できるための実力もつけていく必要がありました。

裁判医学はその一環として、国家的要請のもとに立ち上げられたのです。当初は警視庁により裁判医学校(後に警視医学校と改称）が設立されましたが、やがて東京帝國大學医学部で裁判医学が教育されることになります。

ただ片山國嘉は、この「裁判医学」を設立したその二年後（一八九一年）に、「法医学講座」に改称しています。これはどういうことを意味しているのでしょうか。法医学の歴史では、このことはあまり問題にされていませんでしたが、実はここには重大な意味が隠されていたと考えられます。そもそも「裁判医学」という科目は、片山がドイツ留学前にすでにドイツ人医師ティーゲルから学んだもので、ティーゲル帰国後は片山がその講義を担当することになっていました。そして明治十五年、『裁判医学提綱　前編』を刊行したことでも、片山ははじめ「裁判医学」という言葉を使っていたことは明らかです。

そもそもこの原語は、ドイツやオーストリアではForensische Medizin ないし Gerichtliche Medizin であり、いずれも裁判医学ないしは法廷医学という意味です。ここで述べておかなければならないことは、こうした裁判医学の領域というのは、ドイツ本国においては、ベルリン大学を母体にして設立された国家医学実践教育施設（Praktische Unterrichtsanstalt für die Staatsarzneikunde）を拠点としてなされていたということです。

この「国家医学」（die Staatsarzneikunde）という言葉は、みなさんには聞きなれないものだと思いますが、ドイツでは当時、プロイセンを中心として近代国家づくりが急務であり、そのための一環として重要な学問分野としてみなされたものでした。この国家医学の研究施設の目的は、現在の司法解剖といった領域のみならず、生体についての鑑定や、医師や法律家の教育を含む極めて幅広いものだったのです。

そして我が国も明治期においては、裁判医学の実力を持つ医師の養成が急務となり、片山國嘉にドイツ留学の命が下されました。そこで彼は、裁判医学はもとより、今では医学史に名前を刻まれている、当時、世界最高ともいうべき研究者のもとで医学全般を学ぶ機会を得たのです。例えば、ドイツのベルリン大学では裁判医学をリーマンに、病理学をウィルヒョウに、精神医学をメンデルやウェストファールに、さらに細菌学をコッホに学びましたし、またオーストリアのウィーン大学では裁判医学をホフマンに学んだほか、精神医学や生化学、内科学も学んでおり、医学のほぼ全分野を修学しているのです。

かくして本場ドイツの医学を全般的に学んだ片山は、あらためて医学の全領域を見渡しながら、しだいに大きな志を抱くようになったと考えられます。

片山はこれまで「裁判医学」と呼ばれていたものを、これでは裁判に特化した実践領域に過ぎないと捉えて、我が国も「国家医学」というレベルでの学問領域を打ち立てなければならないとして、「国家医学講習科」を設けました。この「国家医学」は、病理解剖学、衛生学、裁判医学、精神病学、毒物学、日本医制及び衛生法などを含むものでした。現在の社会医学系全てを包括するものです。

その後、片山は、裁判関係以外に立法上にまで遡って研究する学科であるべきとして、「裁判医学」を「法医学」という名称に改称すべきことを主張し、以後、裁判医学教室は法医学教室と改称されたという経緯があります。

片山は「法医学」を der medicinischen Rechtwissenschaft（医療上の法学）とも表現しています（『法医学提綱』）が、彼はそこでどのようなものを構想していたのでしょうか。発端としては裁判上必要な医学であったわけですが、そこから法治国家を形成し維持していくために必要な「国家医学」というスケールで捉え返し、その中の中核に位置づけられるものとして「医療上の法学」を位置づけていたと言えます。

それは端的には、「法に適《カナ》った医療」すなわち「法に則った医療とはいかなるものか」を研究する分野を意味します。さらに、それを学問的なレベルに上げることによって医療実践に関わる法を体系的に説いていくのが「医 法学」ということになるのですから、私たちが本論文で説く「医 法学」は、まさに片山國嘉が志向していた学問の構築ということになるわけです。

もう少し説明しますと、「裁判医学」と「医 法学」とはどう異なるのかと言えば、「裁判医学」とは、裁判上の問題を解決するための医学的判断はどうあるべきか、を研究するものです。他方で、「医 法学」は「医療に関わる法を体系的に学ぶ学問」を目指したものです。そういう意味では、簡単に言えば、前者は医学の裁判への応用であり、後者は医療に関わる法を体系的に修得して、法に則った医療実践を行えるようにするための学問です。

ただ明治期以降の社会の要請で、「裁判医学」的側面である前者の方が主流になってしまった、さらにはそれが細分化されて、法医学教室においては、裁判医学の中でもとりわけ死体検査、死体解剖を主に担う領域に限定されていった、という歴史があるのです。

ただこのように述べても、医学生のみなさんは、医事法のことは法医学の教科書で扱われているものだし、やはり法医学というと司法解剖や行政解剖などを中心に扱う分野ではないのですか、法医学者というのは解剖の専門家ではないのでしょうか、と思う人たちも多くいることでしょう。どちらかというと、臨床ではなくて警察が関わる犯罪捜査の側面についてのイメージが強いかもしれません。

たしかに実務上は、法医学研究室では異状死に関わる解剖業務、検査業務といった側面も大きくあります。しかしながら、それはあくまでも、「医 法学」を、死への過程に違法性があったかどうかを調べるというところに特化しての実地に適用したものの一側面でしかないものです。

つまり本来は、医師のための法を扱う学問としての医法学の構築が目指されたわけですが、そうした片山の大志を学問レベルで継承できる人物が出てこずに、技術レベルでの精神鑑定や死体解剖等々の研究が、より細分化されて進められているという現状に終始してしまっています。

そうした実務自体は、もちろん警察の犯罪捜査などを支えて、社会の秩序維持に貢献している点で重要です。しかしながら法医学の中核にくるものは、本来的にはあくまでも医療、すなわち医師が行う病気の診断と治療に関わっての法的な問題を扱う領域なのです。

言い換えれば、医師が医療実践を法的な観点から正しく行えるようにする、法を逸脱しないで行えるようにするにはどうしたらよいのか、ということを中心に扱う学問分野なのです。

ここで本来、法医学とは医学全体の中でどういう位置づけになるのかを片山が説いているので、少し紹介しておきましょう。

片山國嘉は、このような図〔**図1**〕を示しながら、法医学というのは、基礎医学（基礎科）及びその応用科としての臨床医学・衛生学を基礎としつつ、「法律の精神とするところを円満に遂行成就せしめることを目的とする学科」であると述べていますが、ここのところはおそらく、ドイツにも見られない、片山の独創であったと考えられます。

日本にドイツの医学が導入され始めた明治時代から昭和の中期にかけては、基礎医学（基礎科）と臨床医学（応用科）との二重性で医学教育がなされてきました。

医学全体図

基礎科

解剖学
組織学
胎生学
生理学
医化学
心理学
病理学
（病体生理学）
病体解剖学
薬物学
（理学的療材学）
細菌学
医史
医人道義学
医事統計

応用科

療病上応用科＝臨床医学
内科、外科、産科、
婦人科、児科、精神科、
眼科、耳科、鼻科、口科、
咽喉科、胃腸科、皮膚科等

衛生上応用科＝衛生学

法律上応用科
＝法医学

〔附〕医制・療病、衛生及び法医に関する法規及び法理

（『最新 法医学講義』より）

〔図 1〕

しかし、ここで分かってほしいことは、片山はドイツの医学を学びつつも、やがては法医学を、基礎医学を土台としつつ研究される臨床医学及び公衆衛生学双方の分野を包括して、それら全体に関わる法的な問題を扱う領域として、医学の頂点に位置づけるようになった、ということです。

この意味するところはどういうことでしょうか。

本来、医療の全ての領域は法的な枠組みのもとにあります。逆に言えば、法が関わらない領域などは存在しません。なぜならば、医療は人間社会の中で国民の健康を維持、促進するためになされる国家的活動の一つであって、これはしっかりと法的に規定されたあり方でなされる必要があるからです。

医の法学というのは、病院などの臨床の場においても、それ以外の公衆衛生に関わっても、あるいはそれらを支える基礎研究においてもそれらを国家的に統一して行うために必須となるもの、医療に関わる全ての領域を包含するものなのです。

にもかかわらず現在は、片山が「法医学」という名前のもとで築き上げようとした学問は受け継がれることなく、従来の裁判医学の域を超え出ることなく、かつその中の細分化された一領域たる死体検査といった実務のみが「法医学」として捉えられてしまっているのです。

しかし片山が志した「法医学」は、本来、医師が法的にしっかりと医療実践を為しうるようにするための学問だったわけですから、そうした死体検査といった狭い領域に貶めてしまってはならないはずです。

そこで本論文では、真の法医学である「医　法学」を、片山の説いている内実を現代の医療実践において生かしていくべく説くことにしたのです。そしてこれは片山の果たせなかった夢の実現でもあることが分かってもらえたら、と思います。

（続く）

11　看護のための病気一般論を問う（二）
――ナイチンゲールの説く「病気とは回復過程である」に学んで

河野由貴

目次

看護を学び始めた際に、『科学的看護論』（薄井坦子著日本看護協会出版会）における看護一般論とともに、病気の一般論として学んだのが、ナイチンゲールの説く「病気とは回復過程である」であった。この病気の一般論を学び始めた当初から、この病気の一般論の意味がわからずにいたが、一方で理解できるようになりたいとの思いも持ち続けていた。また、病気の見方が、看護に大きく影響してくるのではないかとの思いもあった。

そこで、「看護のための病気一般論を問う」をテーマに看護のために必須な病気の見方を問うことにした。

このテーマにおいて、ナイチンゲールの説く「病気とは回復過程である」という意味と看護のために必須な病気の見方を、事例（対象の事実）を通して筆者とともに、『学城　第15号』において、「看護のための病気一般論を問う――ナイチンゲールの説く『病気とは回復過程である』に学んで」と題して、看護のために必須な病気の見方を、看護実践例を挙げながら問うた。筆者自身が、

つかんでいただけたらと思う。まずは、前回の論文の要旨からはじめたい。

（一）前回の要旨

まず、はじめにナイチンゲールの病気一般論である「すべての病気はその経過のどの時期をとっても、程度の差こそあれ、その性質は回復過程（reparative process）であって、必ずしも苦痛をともなうものではないのである」（フロレンス・ナイチンゲール『看護覚え書 改訳第七版』湯槇ます・薄井坦子他訳　現代社）から学び、看護者にとってどのように病気をみてとるかが看護するために重要な視点となることを述べた。

そして、「自然がつくりだし、われわれが病気と呼んでいるこの回復過程は、こういったことのひとつまたは全部に対する知識の不足かあるいは注意が足りないために妨害されてきて、その結果、痛みや苦しみや、あるいは過程そのものの中断がおこるのである」（『看護覚え書』）とのナイチンゲールの指摘から、癒そうとする自然の働きを妨害するものを取り除くことが「回復過程」を支えることであり、それが看護そのものであることを述べた。

これらの学びをもとにAさんの事例をとりあげた。既往に認知症があり、血液疾患のある方である。かかわりとしては、生命力の消耗を最小にしようとした看護研修生のかかわりに着目した事例であった。看護過程としては、①Aさんの脅かされていると捉えられる像（認識）の変化をもたらしたかかわりや、②Aさん自ら車椅子をこげるようになるまでの食や活動（リハビリ）への働きかけの大切さや、③Aさんをとりまく社会関係（家族）への配慮の視点も重要であることを述べた。

事例を具体として、前回の論文では、看護者にとって病気をどのようにみてとればよいのか、そして、病気の見方と看護一般論はどのようにつながっているのか、看護における事実のみてとり方とはどのようなものかの三つを視点として読みとってもらえたらと思う。以上の視点で、前回の論文を振り返りたい。

A．看護者として病気をどのようにみてとるか

『看護覚え書』において、なぜナイチンゲールは、「看護とは何か」を述べる前に、「まずはじめに、病気とは何かについての見方をはっきりさせよう」として、病気

とは何かを提示したのであろうか。筆者自身、学びはじめにおいては、そのことの意味がわからなかった。しかし、「看護のための病気一般論を問う」の検討において、「看護者にとって病気をどのようにみてとるかが看護するために重要な視点となる」とナイチンゲールは指摘しているのであるとの学びがあり、病気の見方によって看護が左右されかねないことに気づかされた。ナイチンゲールの時代の病気観については定かではないが、「病気を患い、最悪の場合、人間が死んでいく」という現象のみに捉われてしまうと、看護が成り立たなくなってしまうのではないかと考えさせられた。

　病気は〝状態〟であり、ナイチンゲールの言葉を借りるならば「毒されたり（poisoning）、衰えたり（decay）する過程を癒そうとする自然の努力の現れ」であるとの病気の見方の偉大さに気づかされたのである。つまり、病気があるのではなく、生命体である人間の生理構造が歪んでいく過程とそれを癒す過程との二重性で病気をみてとる必要があり、癒す過程を促進していくことが、回復過程につながるのであり、回復過程につながるように支援していくことが看護の役割であると捉えることができたのである。

B．病気の見方と看護一般論とのつながり

　このようにみると、病気の見方と看護一般論とのつながりについても、学びが深まってくる。「看護のための病気一般論を問う」にあたって、課題として浮上したのが、病気の見方と看護一般論とのつながりであった。看護実践を行うにあたって、〝この人を消耗させているものは何か〟との問いはあっても、〝病気とは回復過程である〟との問いは直接には浮上してこなかったからである。

　しかし、先ほど述べたように、「癒す過程を促進していくことが、回復過程につながるのであり、回復過程につながるように支援していくことが看護の役割である。そして、生命力の消耗は、病気の状態の一面でもある」として、視点を定めると、ナイチンゲールの次の言葉も理解できるように思う。

「病気というものを注意して見つめているとき、……経験豊かな観察者を強くひきつけることがある。それは、その病気につきもので避けられないと一般に考えられている症状や苦痛などが、実はその病気の症状などではけっしてなくて、まったく別のことからくる症状――すなわち、新鮮な空気とか陽光、暖かさ、静かさ、清潔さ、食事の規則正しさと食事の世話などのうちのどれか、ま

たは全部が欠けていることから生じる症状であることが非常に多いということなのである。自然がつくりだし、われわれが病気と呼んでいるこの回復過程は、こういったことのひとつまたは全部に対する知識の不足か、あるいは注意が足りないために妨害されてきて、その結果、痛みや苦しみや、あるいは過程そのものの中断がおきるのである。

（『看護覚え書』）

つまり、〝痛みや苦しみや、あるいは過程そのものの中断〟は新鮮な空気とか陽光、暖かさ、静かさ、清潔さ、食事の規則正しさと食事の世話などの生活過程を整える看護の視点の欠落から生じるということである。

逆から言えば、看護が発揮されれば、癒していく過程を促進することができ、病気の一面である生命力の消耗を最小にすることができると言える。つまり、回復過程を支援していくことにつながるのである。病んでいる人間の状態の見方とその病みから回復過程を支援していくあり方が浮き彫りにされ、それこそが、病気の見方と看護一般論とのつながりであると思うのである。

それでは、病気の見方と看護一般論とのつながりを理解した上で、再度、事例を振り返りたい。看護者として、看護実践における事実として、そのみてとり方を、とりあげておくこととする。

C．事実のみてとり方とは

前回は、事例として70代の男性で、既往に認知症がある、血液疾患の男性（Aさん）をとりあげた。このAさんへの看護実践として、安心できる療養環境を整えるかかわり、食を整えるかかわり、本人と家族の安らぎを支えるかかわりを挙げた。

この事例への看護過程を振り返るときに、当初、車椅子をこげるようになったAさんの場面は、看護過程の局面として重要視していなかった。しかし、看護の事実の見方として、「看護とは」の一般論である「生命力の消耗を最小にするように生活過程を整える」ことを基盤に、患者の生命力の消耗の点、持てる力が発揮されている点が看護において重要であるとみてとれ、看護として成り立っているかと判断する事実となりうることだと再認識した。

そして、この事例において、Aさんにとって消耗とは何か（消耗させているものは何か）という視点でみつめたとき、ナースとの会話の中で「ここは警察」と言われることが頻回にあり、食事を摂取しないこともあったA

さんの状態を、身体と心がおびやかされている状態と捉え、生命力が消耗している状態であるとみてとれた。既往に認知症があるAさんに、食事のセッティングや見守り、片付け、リハビリの見守り、シャワー浴の介助等を1〜2週間程度行い、おびやかされるような環境ではなく、安心して生活できる療養の場として、Aさんの像を変化させていった看護研修生の存在とそのかかわりが、この看護過程としての一番の局面といえるだろう。

事実的には、研修生とのかかわりにより安全、安心が守られた結果としてAさんは、ナースと会話をしても「警察」という言葉を発言されることはなくなり、食事を摂取しないこともあったAさんの食事が可能となり、摂取量が増えていったのである。

そして、持てる力が発揮されている場面として、Aさんが自分で車椅子に乗り、嬉しそうに車椅子をこげるまでに活動できるようになったことである。これは、前回に説いたように、おびやかされるような環境ではなく、安心して生活できる療養の場として、Aさんの像を変化させることによりAさんの食事摂取量が増え（食を整え）、活動量が増し（リハビリができる状態へと休息と活動を整え）、シャワー浴や洗面により老廃物が除去されれ（細胞のつくりかえの促進へと整え）ることによるプロセスであると言えよう。

一方で、持てる力が発揮されている状態は、生命力が活発である状態なので、疲れとしての消耗へとつながっていく側面があることもナースとしては、考慮しておかなければならない。

さらに、本人と家族の安らぎを支えるかかわりにも着目した。たとえ、最期であっても、最期であるからこそ、大切にその方にとっての安らぎを支えること、そして遺される家族の心にも配慮することがナースの役割であることを述べた。認知症を患いながら血液疾患を有するAさんと、一緒に闘病生活をおくってこられた娘さんが、Aさんの最期の時に「ありがとう」と言える心の状態をつくりだしたという点で、Aさんの持てる力を引きだし、消耗を最小にしようとした看護のかかわりであったと言える。

看護一般論に照らしてみると、生命力を消耗させているものは何かという問いにより、事実をみてとることができ、「病気とは回復過程である」という病気の見方により、どのような状態でも、回復過程を阻害しているものを取り除き、癒す過程を促進するかかわりにおいて、回復過程を支援する看護になりえると言えるのではないかと考える。

（二）病気の見方にかかわる観察の重要性について

① 正確な観察力とは

以上、ナイチンゲールの説く「病気とは回復過程である」という病気の一般論からの学びにおいて、病気は〝過程として〟捉えることが重要であり、病気が存在するのではなく、〝状態である〟こと、歪んでいく過程と癒していく過程との二重性で病気を捉えることが大切であることを述べた。歪んでいく過程を歪まないように整え、癒していく過程を促進しようとしていくことが看護の役割であり、看護の力が発揮されれば、病気からの回復過程を促進していくことができることを説いてきた。

今回は、病気の見方にかかわる観察の重要性について問いたいと思う。

何故なら、先ほども述べたように、病気は、歪んでいく過程と癒していく過程の二重性で捉えることが重要であり、歪んでいく過程を見過ごしてしまうと悪化し、最悪の場合、死に至らしめる場合があるからである。

「病気とは回復過程である」という病気の見方を提示したナイチンゲールも、『看護覚え書』の中で次のように述べている。

患者の病状の善し悪しについて価値ある見解を持ちうるひとといえば、患者をずっと診てきた医師か、正確な観察力を身につけた看護師のほかには考えられないからである。

（『看護覚え書』）

What you want are facts ,not opinions -for who can have any opinion of any value as to whether the patient is better or worse, excepting the constant medical attendant, or the really observing nurse?　(F. Nightingale『NOTES ON NURSING　原文・看護覚え書』現代社)

では、このナイチンゲールの述べる正確な観察力とは何かから考えていく。

端的には「患者の病状の善し悪しについて価値ある見解を持ちうる」ためのものであろうが、ある事例を通して、具体的にみつめてみたい。その事例とは、急性期を脱した後、血圧コントロールを意識してもらえるように支援したかかわりである（尚、事例に関しては一般化した事例としている）。

70代のBさん。職場で会話中に意識消失があり、病院に救急搬送された。脳血管障害と診断され入院。動脈瘤はあるが、手術はせずに血圧コントロール目的で経過観察となった。入院数日後の深夜、血圧が高くなり、降圧剤の注射薬が開始となった。その日の朝に、Bさんから「夜に、全体的な頭痛があった」との訴えがあった。

その数日後、血圧も安定し、降圧剤を内服へと切りかえることになった。安静度も、ベッド上安静→ポータブルトイレを使用しての排泄→自室内でのトイレ歩行と厳密な安静の必要性ではなくなり、リハビリ室でのリハビリが開始となった。排泄の際は、必ずナースコールをして頂き、トイレ歩行の見守りをナースで行った。排便に関しては、便秘ではなかった。入院当初は、表情が硬いように見受けられたが、表情も和らいできて、TVでスポーツ観戦をしたり、新聞を読んだりされはじめた。

Bさんの今後の方針を共有する医師とのカンファレンスでは、Bさんの頭部の画像を見ながら、入院当初の全体的な頭痛は、脳血管障害に伴う症状であることや、動脈瘤のある部位を示され、血圧コントロールをしながら経過を見て、退院を目標とすることがスタッフ間で共有された。

ナースとして、脳血管障害であること、動脈瘤があるとの医師の所見から、動脈瘤破裂で生死をさまよったこれまでにかかわった患者たちの事例が思いおこされた。そのために、Bさんの支援においては、血圧コントロールがより重要であり、退院に向けて血圧について意識していただくこと、高血圧が生じてしまう生活過程を把握することが必要であると考えた。そして、何よりも〝Bさんをこのまま退院させてはまずい〟との思いが生じていた。

何故なら、Bさんは、職場で会話中に意識消失があり、救急搬送されているので、高血圧が生じてしまう生活状況となることが予測された。Bさん自身が生活の調整を意識しないままに退院すれば、今後も高血圧の状態となり、最悪の場合、動脈瘤破裂のリスクもあると判断したからである。

ここで、Bさんに対する指導の必要性を判断するに至ったポイントをまとめると、一つ目は、カンファレンスで動脈瘤のある部位のBさんの頭部画像を把握したことである。ナースとしてのこれまでの経験から、動脈瘤破裂は、生命の危機に及ぶことを描いたことが挙げられる。二つ目は、Bさんは、職場で会話中に意識消失があり、救急搬送されたことである。高血圧を生じてしまう生活状況を予測し、高血圧に伴う動脈瘤破裂を予防することが必要であると描いたことが挙げられる。以上の二点よりBさん自身が血圧コントロールを意識してもらえるかかわりが必要だとの判断に至ったのである。

そこで、主治医より病状説明が行われたあとに、血圧コントロールに関する説明をする機会をもつことにした。Bさんの表情が和らぎ、新聞を読まれるようになった状態をみてとった。文字を見て、考える頭脳活動をしても、頭痛が生じないほど、脳の機能が回復しつつある状態であると思い、生活での血圧コントロールについて意識してもらうのにちょうどよいとも考えたからである。

血圧コントロールを意識していただくためには、資料が必要であると思い、血圧手帳を持参することにした。また、職場で会話中に意識消失があり、救急搬送となっているため、血圧が上がるようなことがおそらくあったであろうと予測し、可能ならその点についても把握が必要だろうと考えあわせながら、Bさんの病室を訪室した。

まず、Bさんが、主治医からの説明をどのように捉えているかを尋ねた。「先生から病状の説明はどのように聞かれていますか？」と尋ねると、「死ぬ一歩手前だったと言われたよ」とのことであった。病状の重さを受けとめている表現だと捉え、生死にかかわる病状であったことを理解していることがわかった。そこで、血圧が高いことでどのようなことが生じるのか、特に血管にダメージを与えてしまうことについて伝えた。そして、高血圧が血管の破裂を招くリスクであるため、Bさんにとって血圧のコントロールが大切なので、入院中も朝、昼、夕の血圧をBさん自身に記載してもらえるように説明した。血圧を記載していただくことで、Bさんに血圧を意識してもらうことを意図していた。

また、職場で会話中に意識消失があり、血圧が上がるようなことがおそらくあったであろうと予測し、〝このまま退院させてはまずい〟との思いが生じていたので、入院前の生活の様子を確認した。いつ頃から血圧が高いと言われたのかを尋ねると、血圧が高いのを指摘されたのは、数年前の胆石を指摘されたときであったことがわかった。Bさんは腹部から下腿にかけて身振り手振りで示され、痛みが走り、受診したら胆石ができていたと言われた。

そのときの様子について、収縮期血圧が200以上あり、摘出術をするかどうか、医師は悩んだそうだが、痛み以外の自覚症状がないことから、手術にふみきってもらったとBさんは話された。高血圧の原因について、母親も高血圧であるため遺伝的要素があるとBさんは受けとめていた。今回の入院前から降圧剤の内服はしており、今回、何故、血圧が高くなったのかはわからないとBさんは言われていた。

この話を聞きながら、ナースとして気になったのは、Bさんが、血圧が高いのは遺伝的要素があると思っていることと、降圧剤の内服をしていても、高血圧の状態となってしまったことである。

何故なら〝遺伝的要素がある〟との思いは、生活調整をする意識が薄れてしまう可能性があるからである。たとえ遺伝的要素が影響していたとしても、血圧が高くなってしまう生活の状況があるはずだと思い、内服による血圧コントロールとともに、生活調整について説明する必要性を感じた。そこで、血圧が高くても、血管へのダメージを予防するために、血管壁を修復する栄養素があることを紹介した。そして、どのような食事をされているかを把握するために、まず料理をされるかを尋ねた。すると、料理は自分で作り、肉も食べるし、野菜も食べるし、塩分も控えめにしているとのことであった。

一方、睡眠状態、精神状態でも血圧が変動することがあるため、イライラすることや何かBさんにとって心配事はないかを尋ねると、「イライラすることがしょっちゅうある」と言われた。このことから、精神状態が血圧変動の要因の一つでもあることを把握した。また、最近、家族が病気を患い、病院通いをされていることを話された。

話を終えた後、血圧手帳にその日の精神状態や睡眠状態などをメモしておくとよいことを伝えた。血圧の変動に関連する自分の感情のコントロールの仕方について、イライラしたときは、深呼吸をして心を落ち着かせることも大事であることを伝え、退室した。

次の日、血圧測定時に、血圧手帳を見せてもらうと、起床時に測定しているはずの血圧が記載されていなかった。生活状況と血圧の関係を客観化してもらうことが重要であるとの説明を再度行い、朝、昼、夕の血圧を記載するように伝えた。

その後は、きちんと血圧を記載され、血圧の記載に関して、ナース間での申し送りでも確認されていた。それからは、リハビリに行かれる際の歩行や顔色、バイタルサインの把握、頭痛の有無や食事摂取量、排尿、排便回数、熟眠感の有無などの観察を行った。入院期間中、血圧はきちんと記載されていた。

その後、退院日が決定となり、退院の数日前に部屋を訪室した際に、Bさんより「血圧も落ち着いてきた。血圧の平均値も暗算で出し、頭の体操をしている。リハビリをすると、少し、血圧が高くなることもわかって。リハビリのときにするウォーターベッドのおかげで、足の痛みもなくなって」と言われた。足が痛いというのは今まで言われていなかったので、「足が痛かったのですか?」と尋ねると、「両膝がずっと痛かったが、リハビリのおかげで歩いても両膝の痛みがない」と笑顔で言われたのであった。

このBさんの発言により、血圧コントロールが意識されていることがわかり安心したが、血圧が高いときは、必ず医療機関を受診するように伝えた。しかし、入院中、両膝の痛みに関しては言われなかったこと、胆石による痛みのときも高血圧を指摘されていたことが気になり、痛みが血圧に関係する要因であることに気づかされた。

以上、この事例は、急性期を脱した患者が、生活調整をできるように血圧コントロールの視点を与えることで、生活過程を整えようと意識してかかわったかかわりである。

どのようなかかわりかを振り返ると、Bさん自身が病状をどのように捉えているかをまず把握した。病状の重さをイメージできているとわかったので、高血圧が血管の破裂を招くことを伝え、血圧のコントロールの必要性を意識してもらうように試みた。高血圧を指摘されたときへの問いにより、高血圧を指摘された時期と遺伝的要素があるとのBさんの思いを引きだした。遺伝的要素があるとの思いは、血圧コントロールの生活調整を妨げてしまうと捉え、血管壁の修復に必要な栄養素を伝えた。そして、Bさんの食生活を大づかみに把握した。

更に、職場で意識レベルの低下があったので、興奮してしまうような精神状態が生じてしまう生活の様子を把握し、対処方法を伝えた。

かかわりを通して、何を観察しようとしたかを振り返ると、Bさん自身の病状に関する思い、血管壁のつくりかえに必要な食への意識、高血圧を生じてしまう精神状態をつくりだす生活の様子についてであると考える。以上の三点を、Bさんの発言から観察を試みようとしたと考える。

急性期を脱すると、医療者は安心してしまいがちだが、そのような病態に至る生活過程を描きながら、かかわっていくことが生活過程を整える看護者には求められると思う。

かかわりの反省としては、脳血管障害の方にとって、排便をコントロールすること、排便の際、怒責しないように行うこと、水分の摂取を促し、脱水を予防すること、食事摂取の際の油の取り方に気をつけること等、循環、食、排泄への観察が欠けていたように思う。

また、退院の際に発言のあった「膝の痛み」に関しても、早期に把握できるようBさんが表出しやすい声かけやナースとしての雰囲気（立ち振る舞い）が必要である。必要な観察を行うためには、患者の思いや考えを引きだすかかわりが求められる。

ナイチンゲールは、「患者の病状の善し悪しについて価値ある見解をもちうる」には、ナースは、「正確な観察力を身につけること」と述べているが、いかに観察することが重要であるか、そして正確な観察力をもって、判断し、生活過程を整えようとするかかわりを試みることが重要であるかを理解できる事例であると思う。

②正確な観察力と病気の見方との関連

それでは、正確な観察力が病気の見方にどのようにかかわってくるのだろうか？　ここは、ナイチンゲールの説く「病気とは回復過程である」という病気の見方の理解を深めていく上でも重要であるので述べたいと思う。

ここに関しては、『初学者のための『看護覚え書』』（神庭純子著　現代社）において、次のように説かれている。

「看護師に課す授業のなかで、最も重要でまた実際の役に立つものは、何を観察するか、どのように観察するか、どのような症状が病状の改善を示し、どのような症状が悪化を示すか、どれが重要でどれが重要でないのか、どれが看護上の不注意の証拠であるか、それはどんな種類の不注意による症状であるか、を教えることである。これらすべては、看護師の訓練のなかの最も基本的なものとして組み入れられなければならない。」

このように病状の改善または悪化を、病む人のどのような症状からみてとることができるのか、どのような症状が重要であるといえるのか、またその症状が病状によるものであるのか、看護上の不注意の結果による症状であるのかをしっかりみてとることが重要であり、その訓練（教育）は看護者になるための基本的なものとして位置づけられなければならないと説いています。ここで「どれが看護上の不注意の証拠であるか」ということは、具体的にどのような意味なのでしょうか。端的にはこの表現にこそ、ナイチンゲールの病気の捉え方、看護の捉え方が明確に表されているといってよいのです。
（『初学者のための『看護覚え書』（３）』神庭純子著　現代社　P．181）

さて、「このように病状の改善または悪化を、病む人のどのような症状からみてとることができるのか、どのような症状が重要であるといえるのか、またその症状が病状によるものであるのか、看護上の不注意の結果による症状であるのかをしっかりみてとることが重要」とあるが、Bさんの事例として、ここを捉えてみたい。

まず、血圧コントロールをBさん本人に意識してもらうことが必要であると思ったのは、血圧が高くなり降圧剤の注射薬が再開となった次の日の朝、降圧剤を再開した時間帯に全体的な頭痛があったことを言われたからである。朝には、血圧も落ち着いており、頭痛はないと言われていた。そして、医師とのカンファレンスで、入院時の頭痛は、脳血管障害による症状であることがわかり、画像において、動脈瘤もあることを確認したので、高血圧による血管壁へのダメージを思い描くことができ、血圧コントロールの必要性を痛感したのであった。

そして、血圧が高くなるのは、食や運動だけでなく、精神状態や睡眠状態も影響してくるので、Bさんが会話中に意識消失をしたということが気になり、興奮状態になるようなことが何かあったのではないかと思い、これから退院して生活する上で、血圧コントロールをしていくのは、Bさん自身で意識していただくことが重要であると思ったのである。そして、〝このまま帰すわけにはいかない〟との思いが生じたのであった。

かかわりの機会としては、苦痛の表情が和らぎ、新聞を読まれ始めたときであった。文字を読んで考えるという脳の活動を苦痛なく行えることを観察したのである。つまり、ナイチンゲールの言葉を借りれば、〝新聞を読まれ始めた〟ことを「病状の改善」と捉えたのである。高血圧に伴う症状としての全体的な頭痛が消失し、ＴＶを見たり（視覚、聴覚を働かせる）、新聞を読んだり（文字を見て、考える）する頭脳活動を行っても、頭痛が生じない程度に、脳の機能が回復しつつあることをみてとることができ、血圧コントロールを意識してもらえるよう血圧手帳を記載してもらうかかわりへとなった。つまり、頭痛があるときや、視覚や聴覚を働かせたり、考えたりする頭脳活動を行うと頭痛が生じるときは、脳血管系の修復に専念している段階だと捉えていた。

この段階では、外界からの刺激を与えることは、生命力の消耗につながるので、観察した上で、かかわりを決定することが重要である。逆から言えば、頭痛が生じているときに、大きな声で話したり、キーの高いトーンで話したり、ドアやカーテンなどを開け閉めするときに大きな音をたてたり、廊下を歩くときの足音などが響くように音をたてたりすると、生命力の消耗につながってしまうのもナースとして考慮しておかなければならない。ナイチンゲールの述べる「看護上の不注意の結果による症状」を生じさせてしまうということである。

さて、主題である「正確な観察力」について述べることにする。「観察力」に関しては、『初学者のための『看護覚え書』（3）』に次のように説かれているので引用したい。

観察する力というのは、「対象を見る力」ですが、それには、①対象に問いかける力、②対象を反映する力、③対象を把握する力、の三つが最低でも必要であるということを、その過程性から捉えることができなければなりません。

（『初学者のための『看護覚え書』（3）』P．194）

それでは、ナースは、Bさんとのかかわりにおいて、何を観察しようとしているのであろうか？　Bさんの事例を再度、振り返りながら述べてみたい。

まずは、脳血管障害で動脈瘤があるが、手術はせずに保存的に経過をみるということ、Bさんが訴えた全体的な頭痛は、脳血管障害による症状であるということから、Bさんにとって、血圧コントロールが回復過程では重要であることが言え、「専門知識」をもとに、「身体構造」を描こうとしていることがわかる。

また、急性期を脱したあと、Bさんに血圧を意識してもらうための機会であると判断したのは、BさんがTVを見はじめ、新聞を読み始め、自室のトイレに歩行で行き、リハビリが開始となった時期である。映像を見たり、音を聞いたり、文字を読んだりする頭脳活動にも耐えられるほどの脳血管の修復がみられ、リハビリなどの活動の許可が医師より下り、脳血管障害とともに「身体の全身状態」が「安定」していることを観察し、血圧コントロールを意識していただけるかかわりを開始したのである。

そして、脳血管障害で動脈瘤があるというBさんの病態を、ナースとしては、高血圧に伴い血管壁が損傷し、その血管壁の修復に伴い、回復過程として意識障害、頭痛の症状が現れていると描き、回復過程を高めるには、血管壁の修復を促し、血管にダメージを与えないために血圧をコントロールすることを描いた。血圧が上がる要因として、精神状態、睡眠状態、運動、塩分のとりすぎなどの食、加齢などが挙げられた。Bさんが会話中に意識消失があったという事実から、「社会関係」や「社会関係に起因する心の状態」「生活の様子」も把握が必要であるとの思いが生じているのである。

以上をまとめると、観察として問いかけた中身としては、①専門知識をもとに身体構造を描くこと、②身体の全身状態を描くこと、③社会関係とそれに起因する心の状態を描くこと、④生活の様子を描くこと、が挙げられる。

そして、病態に関しては、血管の損傷と修復とを描き、回復過程のサインとして、全体的な頭痛の症状から視覚、聴覚などの外界からの刺激を受けても頭痛が生じない程度の頭脳活動ができるようになっていることを観察したのである。

ナイチンゲールは、「患者の病状の善し悪しについて価値ある見解を持ちうるひとといえば、患者をずっと診てきた医師か、正確な観察力を身につけた看護師のほかには考えられないからである」と述べている。本論文で「正確な観察力とは何か」を看護実践の事例から問うてみた。

以上より「病気とは回復過程である」という病気の見方を基盤に、①専門知識を基に身体構造を描く、②身体の全身状態を描く、③社会関係とそれに伴う認識の状態を描く、④生活の様子を描く、という問いかけにより観察の中身を形成していくことで「正確な観察力」を培っていけるのではないかと考える。そして、正確な観察力と病気の見方との関連としては、病気を過程として捉え、歪んでいく過程と癒していく過程との二重性で病んでいる人間の状態をみてとることができる実力が、ナースとしての、「正確な観察力」と言えるのであり、何より求められる実力なのである。

12　教育実践の指針を求めて（四）
――小学校教育における六年生の重要性

佐藤　聡志

目次

一　前回までの要旨

今まで三回にわたって、小学校教師としての四十年を振り返り、「教育する」とはどういうことか、子どもたちがどのような成長過程を経て認識と実体が成長していくのかを、「教育実践の指針を求めて」と題して、子どもたちとの日々の事実から考えたことを説いてきました。その振り返りの中で、小学一年生と四年生が成長過程においてとても大切な成長段階であることが見えてきました。

一年生は何でもやりたがるということと、その一方で分からないことに対しては泣き出すほどの不安に陥るという特殊性が見えてきました。例えば、日常生活ではけんかをして泣く、転んですりむいて泣く等をよく見ますので、子どもが「泣く」ということを私は分かっていたつもりでしたが、授業中の静かな教室で突然に泣き出した子どもに驚きました。しかし、それは「分からない」ことからくる不安で泣き出したのが分かって、私たち教師は、一年生の「分からない」ことからくる不安をしっかりと受け止めなければならないと思うようになりました。教師としてしっかりと受け止めるとは、「分からない」ことを「分かる」ように教えていくことは当然のこととして、子どもが「分からない」ことに向き合っていく心を育てていく、つまり毎日の生活の中で分からないことに気がついた時、自分で解決しようとする心を育てていくことが大切なのではないかと思うようになりました。

それまで子どもたちは「分からない」ことに対してお母さんの助けを借りて解決してきたのでしょうが、これからは友だちに話したり先生に相談したりして、自分で解決することも学んでいくのです。一年生の「分からない」ことというのは、算数が分からない、国語が分からないというだけでなく、「○○ちゃんが口をきいてくれない、どうしたら仲良くできるか分からない」等、人と人との向き合い方についてでもあるのです。つまり、自分とは違う他人の思いに気づきそれを大切にし、仲良くしていくことでもあるのです。

そして、このような学びを繰り返しながら成長してきた四年生は、クラスの中で、あるいは仲良しグループの中で自分がどのように思われているのかを想像するようになり、友だち関係に悩んだり、初めから分からないと思い込み勉強に取り組まなくなったりするのです。これは一見、成長が停滞したり、つまずいたりしたかのように見えるかもしれませんが、そうではなく観念的二重化の能力が高まってきているということなのです。すなわち、四年生は自分が直接かかわる集団の中で、自分をもう一人の自分の眼で評価できるようになってきているということなのです。

さらに四年生の教育課程の中にはクラス集団だけでなく、上の学年、下の学年、学校全体に目を向けていくような活動が組み込まれてきます。例えばクラブ活動や代表委員会や学年の枠を超えた交流が組まれており、その活動をとおして様々な立場の人を思い描き、仲良くすることを学んでいくのです。また学習面においても、四年生が大事であると言われています。四年生の算数でつまずくと、それ以後の算数や数学が分からなくなるとか、高校生が四年生の算数の段階まで戻って学習しようとしているという話もよく聞きます。

私が取り組んだことで言えば、四年生の社会科で地図を利用しての県全体の学習が、社会科学習の転換点であるように思えます。なぜなら、その学習は消防署や廃棄物処理工場等の見学をして、地域の人々の安全を守る、健康な生活や良好な生活環境の維持や向上を考えていく学びであり、直接自分たちの生活に関わっての学習から県全体の学習へと広がっていった学習だからです。この県全体の学習では地図を読み取り、資料と関連付けて考えていきます。四年生は、実際には見ても訪れてもいない地域を、今までの体験をもとにして資料から像を描いて学んでいくのです。つまり、その地域がどんな所なのかを今までの体験をヒントにして想像し、それらの像を比べたりつなげたりして考えていくのです。

ところが、このような過程を経て成長してきた五、六年生のはずですが、この頃になると親の言うことを聞かなくなったとか、親が話しかけてもイライラした様子で返事をしないとかの悩みを、保護者が担任に打ち明けてくることがあります。教室では女子数人で仲良しグループを作り、ほかの人を排除する雰囲気が見えることもあります。これまでとは違ってコミュニケーションをとりにくくなったという感想を、保護者も先生ももつことがあります。

私自身も全部の学年を担任したとはいえ、高学年の担任は若い頃しかしたことがなく、低学年の方が思い切りやれるように感じました。なぜなら、一年生は一つ一つ全て手取り足取り教えていかなければならない大変さがあっても、その指導の結果としての子どもたちの行動が見えるからです。なぜそのような行動をしたのか、反対になぜ言われた行動をしないのかなど、毎日、私自身の指導のありかたを振り返って理解できていたように思います。それに対して五、六年生になると、なぜそのような行動をしたのかを理解できないことが往々にしてありました。

このように、教師でも五、六年生とコミュニケーションをとりにくいことがあると言う人がいる中で、男性教師の中には「私の教員人生のほとんどは五、六年生の担任で、やりがいがありました」と言う人もいます。確かに五、六年生は、コミュニケーションをとりにくいときがある一方で、言葉で指示するだけで教師の意図を理解し行動していく頼もしさがあります。成長していろいろな面をもってきた子どもたちに的確に働きかけていく、五、六年生を何度も担任してきた先生方の指導力を私はすごいと感じています。ある先生は、クラスの核になる子どもを見極め指導していき、クラスをまとめていくと言われたことを思い出します。

このように子どもたちが小学校六年間に大きく成長していくことから、教育はそれぞれの成長段階をふまえて、一人ひとりの個別性に合わせかつクラス全体に働きかけていくことが大切になってくるのではないかと思います。では、五、六年生とはどんな成長段階なのでしょうか。まず小学校六年間の学校生活を概観し、それをふまえて同僚が取り組んだ事例から私が学んだことを記していきます。

二　小学校教育における「高学年とは」を考える

①小学校六年間の学校生活を概観する

「五、六年生とは」を考えるにあたり、まず子どもたちが、一年生からどのような学びを積み重ねて五、六年生へと成長してきているのか、つまり小学校六年間の学校生活を概観してみます。

教育とは人間になるための人類の文化遺産を習得させることです。文化遺産を習得させることは、単に知識を覚えることやテストでよい点を取るということではなく、これから生きていく社会に自立した人間として適応して生きていけるようにすることです。人間は社会的な存在なのですから、社会の中で様々な人たちと関わり合ってこそ生きていけるのです。社会は様々な人たちの集団であり、様々な立場があり、そこで生きる人たちの考え方もいろいろですが、その社会の中で主体的に生きていけるようにならなければならないのです。だからこそ、子どもたちはまず、大きな社会の中の小さな社会の一つである「クラス」という集団の中で学ぶ過程で、一人ひとりの好き嫌いを知り、得意不得意を知り、自分とは違う考えに気づき、自分のやりたいことと周囲の人のやりたいこととの折り合いをつけ、仲良くすることを学んでいくのです。つまり小学校教育は、この六年間の学びを積み重ねて、社会で生きていく基礎的な力を育んでいくのです。『学城15号』（現代社）で説いたように、小学校教育の目的は基礎的な知識及び技能を習得させることによって、日常生活レベルの自立をめざしているのです。

しかしながら、今日このように考える人は少なくなっているように思えます。「全国学力・学習状況調査」にしても「教員評価システム」にしても、すぐに現れる教育の成果にこだわるようになってきています。なぜなら、「人間とは何か」「教育とは何か」から考えるのではなく、「どれだけ教育の成果が上がってきているのか」という成果を求められているからです。しかも成果は数字に表されるものに集中してきています。テストの平均点が何点に上がったとか、何割の子どもたちができるようになったとか、全国平均と比べてよいのか等々です。確かに教育の具体的な過程においては、点数で表すこともあります。しかし教育の目的は、教科書にある国語や算数、社会や理科等の知識をただ覚えたということではなく、社会で生きていくための知識を自分の生きていく環境で使いこなしていける力、つまり人間らしく豊かに生きていく力を育てていくことのように思えます。このような本来の教育の目的からすれば、果たして教育の成果というものを数字に表すことができるのでしょうか。

自分の教育経験を振り返ると、子どもたちが文化遺産をどれだけ習得したのかということを、テストの点数で評価するという方法ほど私にとって悩ましいものはありませんでした。数値として明確に表せるのではっきりすると思われがちですが、目標に到達したという点が九十点なのか、その基準では厳しすぎるのか易しすぎるのかが分かりませんし、あるいはテストの問題の質によっても点数が違ってきます。

また、いつの時点の評価なのか、学習の直後なのかずっと後の忘れた頃なのかによっても違ってきます。この疑問は、私が初めて高学年を担任して、相対評価から到達度評価へ移行していくときに抱いたものでした。いつのテストを評価するかで、「できる」「できない」という評価が異なってきたのです。学習の直後にテストすると「できる」という評価であったものが、しばらくしてテストをすると「できない」という評価に変わりました。これではまずいと復習させて、学期末にテストをしてようやく「できる」という評価にしてもよいのかな、いやもう少し理解させなければならないのではないかと迷いました。時間の余裕がなければ一回のテストで評価しなければなりません。数値化すれば客観的に評価していると思われがちですが、そうではないように思います。そもそも目標に到達したとはどういうレベルなのでしょうか。同じような問題として「教員評価システム」も、目標とその目標に対する方策を数値化して教育の成果を判断しようとするのは、より良い教育へとつながるのだろうかと心配です。

本題に戻します。小学校では二学年ずつ三つのブロックに分けて低学年、中学年、高学年と指導を考えることがよくあります。私の若い頃は、一年生から二年生へ、三年生から四年生へ、五年生から六年生へと、二年間クラス替えをしないで担任をすることが多く、二年間の成長の見通しをもって取り組んでいました。

　まず低学年は、学校生活の過ごし方を知り、学校が好きになるように働きかけていきます。一年生は、子どもも保護者も初めての学校生活ですから不安でいっぱいなのですが、学校のルールを身に付け楽しく学んでいける場所だと実感してもらえるように働きかけていきます。二年生は、「学校では一年生のお兄さん・お姉さんになった」として、「生活科」を中心に成長してきた自分を振り返り、一年生とのかかわりを意識させ働きかけていくことになります。例えば一年生と手をつないで学校を案内したり、虫取りに出かけたりすることもあります。

　次に中学年では、行動が活発になり行動範囲も広くなり、子ども同士の関係が深まります。私が初めて三年生を担任した時のことですが、休み時間になった途端、ある男の子が「先生、体がむずむずしてきます。じっとしていられません！」と言って、友だちと校庭に飛び出していった姿が思い出されます。また低学年では、帰宅後の友だちとの遊びも保護者が送り迎えしていますが、中学年になると徐々に自分で行くようになります。しかも自転車に乗って行くようにもなるため、「安全な自転車の乗り方」も大切な指導事項となります。四年生はそのような活発さと友だち関係の深まりで、「自分のことを他人の眼で見ることができる」ようになっていくのです。

　そして高学年です。五年生に進級した子どもたちに、まず担任が意図的に働きかけることは「高学年になった」ということを自覚させることです。高学年であることを自覚させるために、下の学年の子どもたちが五年生を見ており、その行動をまねるようになることを気づかせていきます。これは、高学年のありかたが学校全体の雰囲気をつくっていくことを自覚させることであり、より良い学校生活を送れるよう様々な体験を通して、全校的な視野に立っての活動ができるよう働きかけていくということです。

　もう少し言えば、五年生が六年生から高学年のありかたを学びつつ、下の学年へ目を向け実際にお手本となるよう思いやりをもって接するように、教師は五年生に働きかけていくということです。具体的には、集団登校では五年生が通学班の班長・副班長になることが多く、一年生を中心に下の学年を並ばせ、交通に注意しながら安全に仲良く登校しなければなりません。また、学校全体に関わる委員会活動に六年生とともに参加します。委員会活動には自分たちの学校生活を向上させ、より豊かにしていくという目的があります。学校内の自分たちの仕事を分担処理するための活動として、各学校ではいくつかの委員会を設けています。各委員会は、五、六年生の混合の縦割りで構成し、学校内の仕事を分担して活動しているのです。例えば放送委員会、図書委員会、飼育委員会、環境美化委員会等子どもたちの意見をもとに設置し、活動内容を考えながら取り組んでいきます。

さらに六年生は、一年生との関わりを大切にすることから始まります。入学式へ参加し、翌日からの集団登校を率い、そして担任のいない朝自習の時間には一年生の教室で一年生とともに過ごすのです。このようにして六年生は最高学年として、小学校ではリーダー的な存在にならなければならないことを肌で感じることでしょう。

また、多くの子どもたちが小学校生活の一番の思い出として挙げる林間学校や修学旅行の宿泊を伴う学校行事も、子どもの成長に大きく関わっています。ほとんどの子どもにとって、親元を離れての宿泊体験は初めてです。不安でいっぱいの子どももいますが、生活をともにして助け合い、普段の学校生活ではできない体験をしていくことで、友だち関係が親密になったり、いろいろなことに自分から積極的に行動するようになったりして、さらに成長していくのです。

②　担任の反応を試す六年生の事例

小学校六年間の成長過程を概観しましたが、それをふまえて六年生とはどのような成長段階なのか、具体的にはどのように考えて行動していくのかについて、事例を通して見ていきたいと思います。

初めの事例は、六年生が担任にとって見過ごすことのできない行動をわざととることによって、担任の先生がどんな指導をするのか、どんな先生なのかと、担任の先生の反応を試したと言える事例です。この事例は、私がある学校のスクールアシスタント（SA）として、六年生の体育の最初の授業に入った時のことでした。

私が運動場へと続く昇降口の前で待っていると、六年生の子どもたちがぞろぞろと出てきました。そこに担任のS先生も来て「並びなさい。準備運動をします」とみんなに言いました。ところが、担任のかけ声がかかっても、子どもたちはなかなか並ぼうとしません。そのうちS先生が「体育着を着ていない人は体育をさせません」と大きな声で言いました。私は驚いて声のした方をよく見ると、一人の男の子（D男）が集団から外れて、掲揚台の方へと歩いていき座り込んでいます。また、ある男の子が「先生、寒いです」と言ったのに対し、S先生は「具合が悪いなら、保健室に行きなさい」と大声で返事をしています。S先生は男の子たちの無茶苦茶な言動を意に介さず、クラス全体を集合させ、六年生としての体育の授業にあたっての約束事や手順を話し、準備運動を始めました。ところが、子どもたちはぼうっと突っ立ったままだったり、かかとを踏んだままの運動靴で体操をしたり、ポケットに手を突っ込んだまま体操をしたりしていました。

このような子どもたちに対してS先生は、一人ひとりに声をかけ注意してクラス全体が準備運動するよう働きかけました。私はこのような子どもたちの態度に驚きながらも、S先生をまねて一人ひとりに声をかけ注意していきました。ようやく全員が準備運動をし始めたので、D男が気になって掲揚台の方を見ると、D男は座ったままでした。私は彼の近くへ歩いて行き、早く着替えてくるよう促しました。すると彼は「体育は得意じゃないし、あまりやりたくない」とうだうだと話し始めました。それに対し私は「初めからあきらめていないでやってみようよ。応援していくから」と話しました。そのうちに、D男はおもむろに立ち上がり、上着を脱ぎ始めました。何と彼は上着の下にきちんと体育着を着ていたのです。D男は校庭を走り始めた子どもたちのところへ走っていき、みんなといっしょに雲梯、登り棒、高鉄棒と次々にチャレンジしていきました。そして、いつの間にか先頭集団の中に入って、最後は鉄棒で逆上がりをしました。先頭集団の子どもたちは、「楽勝！」と叫んでひょいと逆上がりをしています。私は彼らにもっとチャレンジさせてみたくなり、両足をそろえて懸垂からの逆上がりを提案したところ、果敢に取り組みました。彼らはほかの技にも挑戦して「先生！先生！」と担任を呼びながら自分の鉄棒の技を披露し、S先生の「すごい！」とか「あと少し、おしいネ」などの言葉かけにさらに練習に熱が入っていったようでした。

この子どもたちの態度や行動に私自身めんくらってしまい、戸惑いました。なぜなら、このような子どもたちの反抗的とも言えるような行動が繰り返されていけば、子どもたちは担任の話を聞かなくなり、学級崩壊ということにもなりかねないのではないかと不安になったからです。ましてSAである私の話など、子どもたちは聞かなくなるでしょう。私は体育の指導が得意というわけではなく、体育が好きになるようアドバイスを上手にできるわけでもなく、反発してくる子どもたちを黙ってやり過ごすしかできなくなるのではないかと不安になりました。

後日S先生に私の不安な思いを話すと、S先生は「体育では事故やケガが一番心配です。先生にはSAとして、体育の指導というより、安全面で私と一緒に彼らを見守ってほしいのです。彼ら六年生は、担任がどのような先生か、どこまで許してもらえるかを、あのような態度や行動で私の反応を見て試していたのだと思います。逆上がりが予想以上にできる子が多かったし、彼らはあの時鉄棒をよく練習していたと思います。鉄棒は、高学年になると自分から取り組まなくなるし、苦手意識が強くなってしまいがちなので、そうならないように、体育の毎時間、準備運動的に鉄棒を取り入れていこうと思います」と言いました。

確かにS先生の言う通り、六年生の「先生！先生！」と呼ぶ声から、六年生の「S先生に見てもらいたい」という思いが私にも伝わってきて、決して反抗的な子どもたちではないのだなと、私は思いを改めました。では、なぜこの子たちはこのような態度や行動をとったのだろう、この子たちの態度や行動はいったい何を意味するのだろうかと疑問に思うようになりました。そこでS先生に五年生の時のことを少し尋ねると、この子どもたちは五年生の時にクラスの中でそれぞれの主張が強く、担任と折り合いがつかないこともあったようでした。それを聞いて私は、彼らが今度の担任の先生がどんな先生なのかを知ろうと、自分たちから行動を起こして試したのではないだろうかと思いました。

ここからは推測になりますが、おそらく彼らの間で体育の授業の前に、「俺たちの態度や行動から先生がどうするのか見たい」という話が出たのではないかと思います。つまり、彼らは「かかとを踏んだままの運動靴で体操をしたり、ポケットに手を突っ込んだまま体操をしたりしてはいけない」と分かっているのであり、本来そうしてはいけない態度をとっている自分たちを、先生がどのように注意するのかを見ようとしたのだと思います。

そんな彼らに対してS先生は、約束事を守っていないことを放置するのではなく、また感情的に怒るのでもなく、大きな声でクラス全体に指示を出しながら、しかも一人ひとりに声をかけ注意していきました。すると、彼らは反抗せずに言われた通り、ポケットから手を出して体操を始め、靴を履き直していったのです。なぜ彼らは素直にS先生の言うことをきいたのでしょうか。私は彼らがS先生の指導の内容や仕方を納得したのだと思います。もっと言えば、「ちゃんと自分たちに向き合ってくれる先生」という、自分たちが心の中で求めている先生の像と一致したから、素直に言うことをきいたのではないかと思います。

そんな彼らの中でも掲揚台で一人座り込んでいたD男は、五年生の時には人一倍マイペースな子どもだったようです。「体育着を着ていない人は体育をさせません」とS先生に言われても、上着を脱がないまままみんなから外れていったD男はどう思っていたのでしょうか。

S先生のきっぱりした言動から「体育着に着替えないと体育をやらせてもらえない」と思ったD男は、まだみんながS先生の言うことを聞いていない前に自分一人が言うことを聞こうとは思えなかったのかもしれませんが、上着を脱いで体育着になる気にはなれず、クラスから離れて掲揚台の下に行き座り込みます。しかし、ポケットに手を突っ込んでいた男の子が先生と話していくうちに、ポケットから手を出して体操を始め、靴のかかとを踏んだままの男の子も、先生に話しかけられて靴を履き直して体操をし始めました。D男は「みんなS先生の言うことを聞いている。S先生は怒鳴り散らさないし、イラついていない。俺たちの態度で先生は困ってはいない」と思ったのではないかと思います。やがてD男は、「みんなS先生の言う通りに直している。何だか楽しそうに準備運動をしているけれど、S先生は俺には目もくれない。俺はどうしたらいいのかな？」と迷い始めたのではないでしょうか。おそらくそんな時に私がD男に話しかけたのだと思います。D男は私と話しながらも、S先生が来て注意してくれるのを待っていたのかもしれません。でも、S先生は準備体操を終えた子どもたちを遊具へと走らせ、D男のところへ来ることはありませんでした。そんなS先生とクラスの友だちの姿を見ていたD男は、「このまま一人でいるのは嫌だ、みんなと一緒に体育をしたい」という思いに変わっていき、上着を脱いで体育着になってみんなのところへ走って行ったのではないかと思います。

つまり、S先生がD男たちの求める先生像と一致したからこそ、S先生の言うことを素直に聞き、さらにS先生に励まされながら、S先生の鉄棒の指導を自ら求めていったということではないかと思います。

その後の体育を中心としたいろいろな事実を思い起こしても、彼らが「とんでもない行動をとる六年生ではない」ことが分かりました。例えば、二学期の鉄棒の学習では一人ひとりが自分のできるようになりたい技を決めて取り組んでいくのですが、同じ目標の者同士が教え合ったり張り合ったりする姿も見られました。そんな時には子どもたちの「先生！先生！」と呼ぶ声が大きくなり、S先生も「すごい！」とか「おしいネ、手首を返すと回れるようになるよ」とか声をかけて指導していき、一人ができるようになると他の子どもたちも次々とできるようになったのでした。三学期の跳び箱運動の時には、あの元気な男の子たちがみんなより先に来て、跳び箱やマットの準備をしていたことを思い出します。しかしその彼らも一年間のうちで、何回か教頭や教務の先生に叱られたり、S先生が職員室で彼らの行動を嘆いたりすることもありました。つまり、六年生としては通常の成長過程を辿っていた子どもたちだったと思います。

もし、彼らが四年生だったならば、先生の反応を試すような行動をとることはできなかったでしょう。なぜ四年生では先生の反応を試すような行動ができないのに、六年生ではできるのでしょうか。それが六年生とはどういう特殊性をもっているかを考えるヒントになると思いますが、それを説く前に、高学年をよく担任した二人の先生の事例を見てみたいと思います。

③二人のベテラン教師の取り組みに学ぶ

高学年を何度も担任してきたT先生とU先生の子どもたちへの指導から、私が学んだことについて取り上げたいと思います。私はT先生とU先生に、高学年をどのように捉え、どのような指導を心がけているのかを尋ねたことがあります。

T先生は「高学年の指導は、各クラスの足並みをそろえ、子どもたちが目標を描いてがんばれるようにする」ことを強調しました。同じ学年の担任間で教材研究をし、子ども自身が目標を設定し取り組んでいけるようにするということです。例えば、毎学期学年で持久走大会をしたということですが、あるクラスが一学期に優勝しても、二学期にも優勝できるわけではないのです。がんばって練習を積み重ねた分だけ、あるいは練習をしなかった結果として順位が変わっていくことが子どもたちにも分かったので、子どもたちは前向きに取り組んだとのことでした。また高学年の子どもたちには、クラスの枠を超えての友だちとの交流があり、子どもたちの間で情報が行き交い「あのクラスはいいな」とか「○○はずるい」とかいうことにもなるので、学年の足並みをそろえることも大切だということです。

私がT先生の指導を実際に見たのは四年生ですが、高学年の指導においても関係してくるので記します。T先生の指導の厳しさに私自身も怖くなり、四年生の心がT先生から離れていってしまうのではないか、子どもとの関係が壊れていくのではないかと心配になった出来事を思い出します。

その出来事とは、ある男の子（E男）が友だちにげんこつを振り上げたことです。私はE男がふざけてげんこつを振り上げるのを近くで見てはいたのですが、彼が実際に友だちを叩くとは思わず、彼の行動を見過ごしていたのです。しかし、少し離れているところで見ていたT先生はE男を厳しく叱りました。E男がT先生に叱られている時、私自身も監督責任を問われているようで辛く感じました。

後日、厳しすぎて子どもたちがT先生から離れていってしまうのではないかという私の不安をT先生に話すと、T先生は「確かに厳しすぎたと反省したら、私は子どもたちに謝ります。でも、今回E男はげんこつで友だちを叩こうとしたのです。それなのに、叩こうとしていないと嘘をついたから厳しく叱ったのです。E男は今まで暴力をふるったということで友だち関係がこじれてしまったことが何回かあるのです。彼は嘘をつくことを直していかなければならないのです。三年生の時から私はこの指導を繰り返していたので、厳しく叱ったのです」と言われました。そしてT先生は、おとなしい子やいわゆる羽目を外さないよい子の保護者からは、「先生は厳しすぎる」「先生は子どもを規則で縛っている」「先生は大きな声で叱るので、子どもが怖がっている」などの苦情を受けたこともあると言われました。

ところが、実際に子どもたちに聞いてみると、私から見てT先生が厳しすぎるのではと心配になった時でも、彼らは叱られたことに納得しており素直に自分自身を改めようとしていました。私はこの時、ハッとしました。四年生の子どもたちにとって、担任の先生が単に「厳しい」とか「優しい」などということが問題ではなかったのです。子どもたちが成長していくほどに、子どもたちが先生の指導の仕方や内容に納得できるかどうかが大切になってくるのだと私は気づかされたのです。これは高学年の子どもたちになると、四年生よりさらに成長してきますので、指導にあたって「子どもたちが先生の指導の仕方や内容に納得できるかどうか」という視点を、もっと大切にしなければならないのだと思います。それがなぜかは「六年生の特殊性」に大きく関わってくると思いますが、それを説く前に高学年をよく担任されていたもう一人のU先生の指導について記します。

U先生は子どもたちと正面から向き合い、子どもたちがどう生きていきたいのかを、ヒントを出しながら一緒に考えていくことを心がけたと言われました。例えば「もっと大好きな自分になるために」「一歩でも進めるように」となかなか考えられない子どもたちに対して、「なりたい自分とは?」「仲良しの友だちのどういうところが好きか?」などを一緒に考え、自分の目標を描かせながら、小さな一歩でもまずは取り組むように働きかけてきたとも言われました。そして子どもたちへの指導は何回も繰り返していかなければならないけれども、子どもたちには叱られても落ち込まずに叱られたことの中身を受け止めていけばよいこと、そして、その中でいろいろな経験を積んでいくことが大切な学びであり、人生を楽しんでほしいという思いで向き合っているとも言われました。

U先生は六年生に自分たちの将来や友だち関係をより意識して取り組むように、そしてその取り組み方やその過程での大変さも含めて指導しているように思いました。

今回は、小学校教育における「高学年とは」を考えるにあたり、小学校六年間の学校生活を概観した上で、六年生のいくつかの事例を取り上げました。次回は、取り上げた事例の意味を捉え、そこから小学六年生の特殊性を見ていきたいと思います。さらに六年生の特殊性をふまえて、私自身が直接に六年生に関わった事例を取り上げていければと思います。

（続）

13　育児実践の事実から論理を思う

藤澤　加奈枝

目次

はじめに

育児は、子どもを一人の人間として社会の中で生きていけるように育てていく最初の過程ですが、人間として育てていくということは本当に大変です。私自身、二人の子どもを育てていますが、成長と共に起こってくる様々な問題に対して迷い・悩みが尽きません。自身が未熟であるということは自覚していますので、子どもをしっかりと育てるためであればいくらでも努力できると思います。しかし現実的には、愛情を持ってただ努力するだけでは、子どもが全うな人間として育つとは限らない、ということが少しずつ見えてきました。

では何が必要かと言えば、端的にはその子を人間としてどのように育てるのか、どのように育てたいのかのビジョンをしっかりと持っていなければならないということです。もっと言えば、まだ見ぬその子の未来をどのように描き、その未来に向けて今をどのように位置づけて育てていくのかということになります。このように表現すると、「それはみんながやっていること。結局、母親が努力すればいいことだ」と思う人がいると思います。私自身も育児を始めた当初は、漠然とそのように思っていました。しかし、日々の育児によって子どもが成長していくにつれ、そのような漠然とした思いだけでは足りない現実があるとわかってきたのです。

その最初の例が、私が育児において苦戦した母乳問題でした。私は出産直後になかなか母乳が出ず、出産後三週間ほどは毎日三十分から一時間おきに授乳をしていました。空腹で泣きわめく娘におっぱいをくわえさせますが、母乳があまり出ないために娘は二十分くらい吸い続け、疲れて眠ってしまうのです。そして私自身も疲れ切っていました。昼も夜も授乳におむつ替えで眠れず、母乳が出ないことに焦り、また吸われ続ける乳頭が切れて激痛を伴っていたために、眠った娘が起きて泣く声に、時には怯えて時には苛立ち過ごすようになっていました。

なぜ私がここまでして母乳育児にこだわっていたのかというと、『育児の認識学』（海保静子著、現代社）を読んで、娘を意志のある人間に育てたいと思っていたからです。『育児の認識学』によると、意志とは自分が描いた目的像に向かって、それを現実化すべく行動へとおもむかせる認識であり、その形成過程は生まれたばかりでまだ何もできない赤ちゃんの時から始まっていると記されていました。その意志の形成過程に重要なこととして、母乳育児が示されていたのです。哺乳瓶と違い、母乳は赤ちゃんが頑張って吸わなければなかなか出ません。その母乳を赤ちゃんが自ら求めて、自らの力で吸うということを一日何十回と繰り返すことで、赤ちゃんの対象に働きかける意志が創られていくと説かれていたのです。また母親の方も、吸われることで母乳がさらに作られ、よく出るようにもなります。実際に、私自身もそうでした。そのため、娘のためにも私が根気負けしてはいけないと踏ん張っていたのでした。

しかし、心身ともに不安定な状態の私に追い打ちをかけたのが、実は周囲からの善意による助言だったのです。「そんなに泣いているんだから、母乳が足りないんじゃない？」、「母乳にこだわらずにミルクを飲ませたらいいのに。みんなミルクで育っているんだから」、「あんまり泣かせてかわいそうよ」という言葉をよくかけられました。当時の私は、「娘の意志は育っているだろうか？　母乳は足りている？　体は順調に成長しているのだろうか？」などと様々な不安があっただけに、周囲からの助言を受ける度に「なぜわかってもらえないのだろう？なぜ否定されるのだろう?」との思いにかられ、些細な事に苛立ったり、「確かにお腹を空かせてかわいそう。ああ、娘の泣き声がうるさいのかもしれない。娘を泣かせてはいけない」などとネガティブにとらえたりと、ただでさえギリギリで余裕のなかった私の感情は、ますます乱されていったのでした。しかし幸いにも、私は出産後三週間を過ぎた頃から母乳がよく出るようになり、小さかった娘も丸々と成長していきました。

私がここで言いたい事は、周囲の助言は受け入れなくてよいということでも、自分の思いを貫くことが正しいということでもありません。問題にしたいのは、私達母親が子どもを育てる時、何を拠り所に育てればよいのでしょうかということなのです。例えば、この時代を生き抜けるだけの「意志の強い子に育てたい」と思ったとしても、どのように育てたら意志の強い子に育てることになるのかがわからないということです。先ほどの母乳の問題での周囲からの助言のように、赤ちゃんが泣いている現象をかわいそうと見たり、求めているものを簡単に与えようとしたりすることが、本当にその子のためになるのかと悩んでも、ではどうしたらよいのかの確信が持てないのです。つまりこのような育児におけるものの見方、ひいては人間を育てるという視点が私達母親に育っていないことが問題であると思うのです。

もちろん母親達は皆拠り所を求めて育児書を読みますが、私が読んだ育児書のほとんどが、子ども（特に0歳から1歳まで）はこんな風に育ちますよと、その道筋を示していても、困っている母親の相談に対しては、子どもの個性を強調し、「子どもの求めていることに応じて」や「無理強いしない」などと書かれているだけなのです。しかしそれでは、人間としての一般的な育ちの道筋から外れてしまうことにならないのでしょうか。また、こういう時はこうしたらよいということが書かれていても、その例に当てはまらない時はどのように考えたらよいのでしょうか。

このように、頼みの綱である育児書を読んでも迷いが消えることはなく、結局自身の努力が足りないと反省することになってしまうのです。私の場合は大学で看護を学び、人間の体や心について理解しているつもりでしたが、看護を学んでいた私であっても育児はわからないことだらけです。ましてや、一般の母親達であれば尚更困ってしまうでしょう。ここに、育児をする私達母親が単に一生懸命頑張るだけでは足りないものがあると思えてきたのです。それは何かと言えば、様々な育児の問題にぶつかった時に、その問題を解決する方向性を示してくれる育児の指針であり、その学びです。

私が迷い悩みながらも、日々どうにか二人の子どもを育ててきているのは、幸運にもその育児の指針を学ぶことができるようになったためです。その指針となるのが、「人間とは何か」そして「教育とは何か」として示されている一般論だったのです。実は一般論をもって実践するということについては、私自身が学生の頃から、専門である看護において学んでおり、取り組もうとしてはいたのですが、結局それがどうすることなのかわからないままで終わっていました。それが、育児に必死に取り組むことを通して、ようやく一般論から事実を見るということがどういうことなのかを、実感としてわかってきたように思うのです。そこでこの論文では、私が育児で試行錯誤する過程で、何か実践を導いてくれる指針はないものかと求めて、「人間とは何か」という人間の一般論にたどり着き、育児をとおして人間の一般論が育児の指針になることを実感した、その学びについて書いていこうと思います。

一　育児の指針の必要性
――人間は育てられて、初めて人間になる

（一）『育児の認識学』と『育児の生理学』を導きの書として

娘が生後一ヶ月頃、不慣れだった授乳やおむつ交換、抱っこから布団に寝かせる等の行動そのものは少しずつコツがわかるようになっていったものの、育児の不安は解消されるどころか、これでよいのだろうかと不安に思うことばかりでした。そもそも育てるとはどうすることなのか、母乳をあげたり、おむつを替えたりするだけで、娘はちゃんと育っているのだろうかと常に迷いが生じました。

この時に教科書としていたのが、『育児の認識学』でした。『育児の認識学』によると、人間は他の動物と違い認識をもった存在であると書いてあります。認識は脳の働きであり、五感覚器官をとおして外界を映しとったものを基にして、脳に像として描くことで形成されていきます。そして赤ちゃんの認識を育てていく時に大事な

ことは、まずは「おなかがすいた」とか「オムツがぬれた」という不快の感覚を反映させてしっかり泣かせ、その不快の感覚を大人が優しく取り除いてやることで快の感覚像を描かせ、その繰り返しによって少しずつ感情豊かな人間に育っていく素地を創っていくことができると示されていました。そのため私は、前述していたように母乳にこだわり、布おむつを使用し、しっかり泣かせてから抱っこするなどと取り組んでいました。

しかし、そのように信じて取り組みながらも、「これでよいのだろうか」という不安は常にありました。娘が「それでよい」と答えてくれるわけもなく、誰かが見てくれるわけでもありません。母親である私自身がすべて判断しなければならず、その判断いかんによって娘の育ち方が決められていくのです。だからこそ私が娘に対して働きかけたことを、私自身が娘の感覚器官となり娘が描くであろう像を描いて感じとるように努力をすることで、例えば「水の音でお風呂を怖がらせてしまったな」とか「朝日の眩しさを不快な像として反映させてしまったな」等と反省しては、次はそうならないように取り組んでいました。

それでも、その一つひとつの働きかけが、本当にそれでよいという確信が持てませんでした。そのため、「抱っこしすぎると抱き癖がつく」「よく泣いているけど、母乳が足りないんじゃない？」「感覚過敏なのかも」等々、周囲からの助言に対して何も返せず、それどころか娘のある日の事実と結び付けて「そうかもしれない」と落ち込むこともありました。何をもってこれでよいとするのかがわからない、その不確定さが、当時の育児の不安を大きくしていたように思います。

その当時、私はとにかく「こうしたらよい」と思える指針がほしくて、手当たり次第に育児書を読んでいました。その中で『育児の生理学』（瀬江千史著、現代社）にたどり着きました。『育児の生理学』は大学時代の看護の勉強の折に読んでいたので内容は知っているつもりでしたが、育児に迷って何度も読んでいると、『育児の生理学』の中のある共通性が見えてきたのです。それは、「人間は育てられて、初めて人間になる」という人間の一般論から、育児相談のすべての問題の構造に切り込んでいっているということでした。著者である瀬江先生は、常にこの一般論を用いて育児の問題を説かれている！と、初めて読み取れたのでした。

(二)『育児の生理学』に当てはまる事実がない

『育児の生理学』は、育児相談という形式を取りながら、「人間とは何か」「育児とは何か」といった一般論に照らして、その相談された問題の構造に分け入っていく展開となっています。当時の私は、娘にも当てはまる育児相談の項目を探しては、その考え方をヒントにしながら実践していました。例えば、「『認識』の発達と、『認識』へのはたらきかけ」という項目を読み、全てはわからなくても、「外界を快感として反映するように育てることで、外界に積極的に問いかける認識を育てていこう。そのためには、感覚器官をしっかり働かせるようにしよう。特に手足も感覚器官として働かせるようにしよう」などと考え、授乳やオムツ交換等で手足への働きかけを意識することはもちろん、日光浴やマッサージなどにも取り組みました。当時、生後二ヶ月頃の娘は、私が見えなくなると「あーあー」と私を呼ぶように声を出し、私が娘の顔をのぞくと笑顔になっていました。「私を探すような問いかけをしているということは、働きかけの成果かな?」と成長を喜びながらも、しかしいざ困った事があると、結局、何をどうしたらよいかわからないということは変わりませんでした。

当時娘は、夕方になるとよくぐずついていました。お腹も満たされ、オムツも替えてさっぱりしても泣くことがありました。何か不快な刺激をキャッチしているのだろうとまでは問いかけることができても、そこから踏み込んで考えることができません。結局、抱っこして温かくしたり、足のマッサージをしたりと、自身の少ない育児の経験を総動員するだけなのです。瀬江先生だったら、泣いている娘をどう見てとるのだろうと、『育児の生理学』を開きますが、「グズつく子」などという項目はありません。他に似たような項目がないか探しますが、それもありません。そして、何が良くて何が悪かったのかがわからないまま、次の対応に追われていく日々でした。

このように今からふり返ってみると、当時の私は『育児の生理学』をもとに一般論から事実を見て実践をしていたつもりでしたが、実は『育児の生理学』に娘の事実と当てはまる項目を探し、私が困っている育児の答えを求めていただけだったのです。また、日々育児に追われて頭がおかしくなりそうな中で、娘がちゃんと育っていると思える答えがほしかったのです。そうして私は、

『育児の生理学』の中に困った時の答えがないということが増えるにつれ、悪いことに「人間は育てられて、初めて人間になる」という一般論に対しても、本当に困った時に何も示してはくれないと、信じる気持ちが薄れていったのでした。

二「人間は育てたように育つ」ことを実感する

(一) 生後四ヶ月の娘がたて抱きを好む

① たて抱きを好むように育てた過程があるという視点

そんな私でしたが、当時、ある研究会で育児について指導を頂く機会がありました。今思えば、この指導が、育児においても私自身の人生においても重要な結節点となりました。それはこの指導をきっかけに、その後の育児における事実の見方が変わっていくことになったからです。

具体的には、何か問題が起こった時、結果として起こった問題には必ず過程があることが見えてきて、さらには、大きな問題（変化）というのが、実は小さな変化が積み重なった結果であることが見えてきたのでした。そうすると、日々の娘とのやり取りの一つひとつがどのような変化を起こすのかと、少しずつその変化に気づけるようになってきたのです。そしてその根底に「人間は育てられて、初めて人間になる」という一般論が貫かれているではないかと思えてきたのです。つまりこの指導をきっかけに「私が育てたように娘は育っている」ことを実感したことで、日々の育児の些細なことも、大きな問題として浮上したこともすべて「私がそのように育てているのだ。人間は育てられたように育つのだから」と思えるようになり、どのような過程があったかを自分で問うようになっていったのです。

そこで次は、「私が育てたように娘は育っている」と実感した、その結節点となった指導とその後の育児実践について書いていきます。

娘が生後四ヶ月の頃、私はある研究会に参加しました。生後四ヶ月にもなると、こちらの働きかけに笑顔で反応し、喃語もよくしゃべるようになり、娘が育っているという実感を少しずつ持ち始めている時期でもありました。気になることと言えば、娘は横抱きを嫌がり、たて抱きを好むようになっていることでした。授乳以外で横抱きにすると、顔をしかめて声を発しながら体を反らし、そこでたて抱きにするとニコニコして抱っこされていたのです。そこで私は、研究会の席で、ある小児科の先生に質問をしました。それは「生後四ヶ月の娘が、二ヶ月の頃から横抱きを嫌がりたて抱きを好むのですが、このまままたて抱きをしてよろしいでしょうか」というものでした。私としては、首もすわり、本人が好むのであればたて抱きでもよいだろうと結論づけておきながら、娘の意志表示がしっかりしてきた事を認めてもらいたいという思惑があっての質問でした。しかし、先生からは思わぬ答えが返ってきたのです。

先生からの一言目は「とんでもない！」でした。「人間は育てられて、初めて人間になる」という一般論を示され、そこから丁寧にお話を頂きました。簡潔には、「本来なら横抱きによって実体が創られた上で、たて抱きをしても大丈夫なように育っていく過程があるのに、子どもが好むからといってその段階を飛ばしてはいけない」ということでした。また、「人間以外の哺乳類は本能の統括によって、生まれた直後から自力で立ち、自分から母親の乳を飲むことができる。しかし人間は認識がその統括に大きくかかわり、育てられることで人間として育っていく存在である。生まれたばかりの人間の赤ちゃんは一人では何もできないが、おっぱいを口に含むことも、立って歩くことも、周りの大人が教えてやるからできるようになる」というお話でした。そしてそこから、「たて抱きを好むというのも、たて抱きを好むように両親が育てている」と指導を受けたのでした。

この時に、生後四ヶ月の娘がたて抱きを好んでいるという事実に対して、二つの視点を頂きました。一つは、赤ん坊が育っていくのに必要な段階を飛ばして、いきなりたて抱きをすることによる実体の育ちへの弊害があるということと、もう一つは、娘が自然成長的にたて抱きを好んでいったのではなく、たて抱きを好むような認識に私達両親が育てているということでした。

②たて抱きを好むように育てた過程とは

私はこの指導を受けた時、最初は「いや、そんなことはない！」と思っていました。それは、私達両親には娘がたて抱きを好むように育てた意図がなかったからです。というより、娘が自らの意志でたて抱きを望むからこそ、たて抱きをしていると思っていたのです。ところが、娘がたて抱きを好むように育てているという視点で振り返ってみると、これまでの育児実践の数々が、そのような事実として見えてきたのです。

まず、私達両親がたて抱きをするようになったきっかけがありました。それは、娘が生後二ヶ月くらいの頃です。母乳をあげても、抱っこしてあやしても泣きやまず、困ったことがありました。その時に抱っこを代わった夫が、娘をひょいっとたて抱きにしたのです。まだ首がすわっていなかったため、もちろん頭は支えていましたが、私はとても驚きました。しかしさらに驚くことに、娘はピタッと泣きやんだのです。娘の顔をのぞきこむと、娘は大きく目を開けて、驚いているような、何が起こっているかわからないというような表情をしていました。それから、背中を優しくなでられながら数分ほど抱っこされていると、眠ったのでした。娘を泣きやませたこの成功体験をきっかけに、私達は娘が泣きやまない時にすがる思いでたて抱きをするようになりました。いつも泣きやむわけではありませんでしたが、泣きやませるという経験を一つまた一つと重ねていきました。そうする中で、いつからか娘がたて抱きをすると笑うようになり、そして首がすわってくると顔の向きを変えて私や夫を探すようになりました。このように思い返してみると、自ら外界に問いかけて反映しようとする娘の認識の成長が嬉しくて、実は私達はたて抱きを積極的にしていたのだと見えてきました。

ここで一つ断っておきたいことは、私達が、娘が泣くことを悪いことだと思っていたわけではないということです。詳細は『育児の認識学』を読んで頂きたいのですが、泣くということを通して意志が創られていくということは知識的にわかっており、娘が不快を訴えて泣くことができるように働きかけてきていたつもりです。しかし、当時住んでいたところがアパートで、住んでいる人が子育て世代ばかりではないために、この時のように泣きやませられない時は「どうにかして泣きやませなければ」と必死だったのです。赤ん坊は泣かせなければならない、けれども今は泣かせられないという状況で、さらに何をやっても泣きやませられない時というのは、本当に我を見失ってしまいそうになります。過激な言葉かもしれませんが、「この子さえいなければ」と思うことは何度もありました。だからこそ、たて抱きをするだけで泣きやむということがわかった時、すがる思いでたて抱きをしていたのでした。

一方で、この繰り返しの中で、娘の認識はどのようにつくられてきたのでしょうか。たて抱きにすることで、娘がなぜ泣きやんでいたのかは、実はよくわかっていません。たて抱きのきっかけとなった時は、何か不快を感じとって泣いていたのが、たて抱きをされたことで不快が取り除かれたか、もしくは不快を反映する以上にたて抱きによる反映が強烈だったのかと思います。またその後、何度か成功体験を重ねた時も、内界から反映される不快の感覚像が、たて抱きにされたことによって整えられたのだろうと思います。そればかりでなく、その様子を見ていた私や夫が安堵した感情が、抱っこや声かけから伝わり、さらに微笑みかけられるということが繰り返されることで、娘のたて抱きによる感覚そのものが、気持ちがよいもの、嬉しいものとして積み上がっていったのだと思えました。

このようにふり返ってみると、私達両親に娘にたて抱きを好ませる意図がなくても、娘にとってはたて抱きを好んでいく過程として積み上がっていたということが、少しずつわかってきました。それがわかっていくとともに、娘を泣きやませたいばかりに、私達がいわば楽をして泣きやませることを優先して、たて抱きを積み重ねていったことが見えてきて、娘に対して申し訳なく思うと同時に、「自分はきちんと育児ができている」と思いあがっていた自分が情けなかったのでした。また、段階を飛ばしてたて抱きをしてはいけないという指導に対しては、実はこの時はまだ、娘の成長に悪影響を及ぼしたというその実感がありませんでした。娘の認識ばかりにとらわれて、実体を育てるという視点を見落としていたということはわかったのですが、赤ちゃんの育っていく段階を飛ばしてしまったことが、娘の実体（特に背骨）にどのような弊害をもたらしたのかがわかってゾッとしたのは、実は娘がもう少し成長してからでした。次回は今回をふまえて、生後十ヶ月になった娘がハイハイをしないという問題を、「人間は育てられて、初めて人間になる」という一般論からどのようにとらえて、その問題を乗り越えたのかを書いていきたいと思います。（続）

14　『育児の認識学』に保育の指針を学ぶ

早乙女　信吾

目次

一　はじめに

二十代の頃に、男性の教員を求めている幼稚園があると知人から誘われて、「幼いこどもたちと毎日を過ごせたら楽しいだろうな」と思い、私は幼稚園に職を得て幼児教育にたずさわり始めました。そこで担任として数年間勤めて一度は教職を離れましたが、離れてからも幼児や小学生へ体育指導をしていたこともあり、その指導の経験も生かして保育を管理する立場の職員として復職しないかと、勤めていた幼稚園から再び誘いがありました。四十代になっていたその頃は、海保静子先生が「こどもの認識の論理を求めて」（『綜合看護』、現代社）という論文で保育について説かれており（現在は『育児の認識学』（現代社）として一冊の本にまとめられています）、私はその論文を通して海保先生から保育について理論的なことを学んでいる最中でした。その学びを生かせるかもしれないという思いもあり、私はその幼稚園で再び幼児教育にたずさわることにしました。

今度は、管理職として私の保育観に基づいて様々な教職員へこどもの育て方を指導することになるのであり、「なぜそうするのか」を説明できるようにならなければ保育を管理することはできないと思いました。そこから私は悪戦苦闘しながらも、海保先生の著書に必死に学んで実践していき、自分なりにですが、保育についてつかめてきたように思えるものが少しずつできてきました。そこで、保育にたずさわる方々がこどもの指導について考える参考に少しでもなればと思い、私が海保先生の教えに導かれて、保育をどのように考え、どのようにこどもたちを指導していったのか、その実践について述べていきたいと思います。

二　保育の指針を持ち、指導に筋を通してみる

(1) 新入園児F君の指導について考えたこと

最初に、私が指導に苦労しながらも海保先生が説かれたことに学んでこどもにはたらきかけていったことによって、こどもが変わっていった事例を紹介したいと思います。

ある年に、3歳のF君が入園してきました。F君の両親は、F君が乳児期・幼児前期に家庭の事情でとても忙しく、子育てに充分に時間を割くことができませんでした。そのためか、F君は話しかけてもことばかけに反応しませんでしたし、自分からことばも発しませんでしたので、ことばによる指導は難しいものがありました。他の子は幼稚園での生活に慣れてくれば、室内のあそびや園庭の遊具でのあそびも広がっていったのですが、F君はそうしたあそびに誘っても興味を示すことはなく、他の子とあそぶこともありませんでした。

F君は興味があるものを探して勝手気ままに歩き回ることが多かったのですが、欲しがったものの一つに絆創膏がありました。ある時、事務室前の救急箱から絆創膏を持ち出そうとしたのですが、それをそばで見ていた先生が「F君にはことばによる指導が難しいので仕方がない」とばかりに、「一枚だけね」と言いながら与えていました。

その対応を見ながら、私は「それでいいのだろうか」とF君の指導について悩みました。たかが絆創膏一枚なのですが、F君への指導をどのように考えるかで、たかが絆創膏一枚ではなくなってきます。なぜなら、F君の普段の行動は確かに特異で、他の子と同じように対応することはできないように思えるのですが、一方で、集団

生活をする以上はF君だけに許されるルールを作ってはいけないと思いましたし、F君にとっても幼稚園での生活に適応していける力を身につけるために入園したはずだと思ったからです。

「でも、そのためにはどうすればよいのだろう」と思い悩んでいた時に、「こどもの認識の論理を求めて」(前出)の中で説かれた「海保先生のAちゃんへの指導」が思い出されたのでした。

(2) 海保先生の指導から学んだことは何か

海保先生のAちゃんへの指導は、『育児の認識学』(前出)には収録されていませんが、『綜合看護』誌の連載で説かれています。海保先生はAちゃんについて次のように記しています。

> 新しい保育園に移りまして、そこでいきなり一人の〝問題児〟といわれる3歳の男児を担当することになりました。
>
> 問題とされている点は、多動、言葉のおくれ、友達との関わりがもてない、相手のいうことが理解できない、などで、いわゆる専門家の診断によれば、その理由は精神的発達が未熟であり、体は立派な3歳児でありながら、認識は1歳6か月程度の発達でしかないゆえであるということでした。
>
> そうなった原因としまして、親の愛情不足、スキンシップが足りないからであり、それらを心がけていくように指示されている、ということでした。
>
> (『綜合看護』1992年3号　現代社)

私はここで説かれているAちゃんの「多動、言葉のおくれ、友達との関わりがもてない、相手のいうことが理解できない」などについて、F君も似ていると思いました。そこで、海保先生のAちゃんへの指導が、私がF君を指導する上で指針になるのではないかと思ったのです。海保先生のAちゃんへの指導について、次のように説かれていました。

> Aちゃんをしっかり育てるためには、Aちゃんのそのゆがんだ像、つまり、社会的なしっかりとした関係のできない勝手気ままな性格を直すことから始めないと、正常への復帰が可能にはならないのです。
>
> それだけに、まずは、Aちゃんの勝手気ままなその像をいうなれば、たたきこわしながら、新たな正常の像を植えつけていくことが大切になります。これが大人でしたら、この二つの像を並行していくことも可能かもしれません。……

しかし、Aちゃんは幼児なのです。悪い性格（像）をそのままに、正しい行為を行わせることは不可能に近いものです。そんな能力は幼児にはありません。幼児の像は見事なまでに五感情像そのものですから。つまり感情とは別の行動をとることは不可能といってよいほどの困難さなのですから。

ですからここはどうしても、「たたきこわしながら」でなければならないのです。……

しかしながら、両親の甘やかし、野生児みたいな放任そのもので個性をつくってきたAちゃんにしますと、この像を次から次へとたたきこわされることは、赤ちゃん誕生時の産声のごとくまさに大パニック状態となるはずです。すなわち〝なにがなんだかわからない〟ままの天地がひっくりかえるほどの衝撃となるはずです。

事実、Aちゃんも自分のやりたいことを制止されると、はじめの頃は気が狂ったみたいにあばれまくっていたものでした。それだけにそれを行なうときには同じ人が信念をもって、同じことばかけ、同じ方法であることを何回も何回もいやというほどくり返しながら、実体と認識にはたらきかけていってなんとか元の像をこわし、別の像を形成させていかねばならないのです。

（『綜合看護』1994年2号　現代社）

このように海保先生は、Aちゃんの今の像をこわさない限り新しい像は形成されないとして、勝手気ままな像をたたきこわしながら正常な像を形成させる指導をされていきます。この「像とは何か」については、『育児の認識学』（前出）で赤ちゃんの誕生から詳しく説かれていますが、今回は私の実践に関わっての理解として述べておきたいと思います。

人間以外の動物は本能の統括によって生きていますが、人間は本能が薄れた分、その人の認識の統括によって生きている存在です。その人間の認識とは五感器官を通して映しとったものを基にして、脳に像として描くことで形成されていくものです。つまり人間の認識は生まれながらにあるものはなく、赤ちゃんとして誕生してから日々の生活の中で形成されていきます。しかも人間の認識が「五感器官を通して外界を映しとったものを基にして」というのは、人間の認識が単に外界を反映させた像ではないということです。例えば目の前のリンゴを見て、ある子は「おいしそう！　食べたいなぁ」と思うかもしれませんし、ある子は「リンゴは酸っぱくて嫌い！」と思うかもしれません。このように人間の認識（像）は単なる反映ではなく快・不快の感覚や好き嫌いなどの感情を伴ったものとして、その人の生活の中でその人なりに形成されていきます。また「このリンゴでジャムを作ったらおいしいだろうな」とか、「このリンゴを絵に描いてみたいな」と思う人もいるかもしれません。つまり対象の単なる反映ではなく、そこからその人の脳の中でその人なりに様々に変化させることができるのが、人間の認識の特殊性だと理解しています。

したがって、Aちゃんの勝手気ままな像も決して生まれながらのものではなく、赤ちゃんとして誕生してからその時までの生活の中でつくられてきたものであるということです。そして、まだ幼児であるAちゃんの勝手気ままな像は大人とは異なって見事に感情的なものであるだけに、Aちゃんに正しい像を形成させるためには、それまでにつくられてきた勝手気ままな像を「たたきこわしながら」でなければならないのだと理解しました。

ただ、Aちゃんが勝手気ままな像を「たたきこわされた」としたら、具体的にはAちゃんが自分のやりたいことを制止されたとしたら、手がつけられないくらい大あばれするのではないかと私は思いました。保育園の先生方の思いとしても、もしこどもがあばれて手に負えなくなってしまったら、その子がおかしくなってしまわないだろうかと不安に思ったり、泣きわめいてあばれるこどもにどう対処してよいかわからないから、勝手気ままな行動を注意しない面もあったりするのではないかと推測しました。

その通りにAちゃんは「自分のやりたいことを制止されると、はじめの頃は気が狂ったみたいにあばれまくっていたものでした」と海保先生も記されていました。しかし海保先生はあばれまくっていたAちゃんに対しての指導の方法として、「それだけにそれを行なうときには同じ人が信念をもって、同じことばかけ、同じ方法であることを何回も何回もいやというほどくり返しながら、実体と認識にはたらきかけていってなんとか元の像をこわし、別の像を形成させていかねばならないのです」と説かれていました。そして、次のようにAちゃんが変わっていったことが記されていたのです。

1年は一つの節目と申しますが、そのとおりに3月を迎え他の子どもたちとともに、目をみはるようなAちゃんの成長ぶりは、私にとりましてなによりの喜びであると同時に、その歩みの導きの糸となりました、科学的認識論の偉大性と重要性は、何度くり返しても言葉では言いつくせないほどの感動のうずとして押しよせてまいります。

「せんせい、のせて」（木にのぼりたいとき）、「おいしいよ」（給食を食べながらニコニコして私の顔を見ながら）、「だいじょうぶ?」（Aちゃんが私の足をふんだので、いたい！　というと私の足をなでながら）、「プリン」「きれい」「なにしてるの」など、まさに梅のつぼみが次々と花開いていくように、ことばが出はじめています。

　それが私との関係ばかりでなく、他の子の中にも混じって砂あそびをしているAちゃんのこのような姿は、一昨年の4月当初には考えられないことでした。

（『綜合看護』1994年2号　現代社）


　このようにAちゃんは徐々にことばが出るようになり、海保先生や他の子と社会的な関係が持てるように変わっていきました。私はAちゃんが社会的な関係を持てるようになっていったことに勇気づけられ、自分にとっての支えになるものができた気がしたのです。

　私は海保先生のAちゃんへの指導を通して、F君がしっかりと成長していけるためにはそれを個性として周囲がF君の行動に合わせていくのではなく、F君の今の像をたたきこわしながら新しい像をつくっていくことが必要なのではないかと思い、とにかく「これ（海保先生が説かれたこと）を信じてやろう」と決意しました。

（3）F君へどのようにはたらきかけたのか

　まず私は、F君がなぜ絆創膏を持ち出すのだろうと思って担任の先生と話をしてみました。するとF君が勝手に持ち出した絆創膏を、自分で袋を破って担任の先生に貼ってとせがむようなしぐさをしたことがあったと聞きました。私は「もしかしたらF君が以前ちょっとした傷をつくった時に、誰かに絆創膏を貼ってもらったことが気持ちよかったのかうれしかったのか、とにかくその時の何らかの快の感情を求めてF君が絆創膏を持ち出しているのかもしれない」と思いました。三歳児ならば、「絆創膏はケガをした時に貼るものなんだよ」と教えればわかっていくこどもも確かにいますが、F君はそのような理屈を伝えて行動が変わるようなこどもではありませんでした。

　そこで私は、絆創膏を与えた先生に「許されないことは許されないこととして、他の子と同じように指導をしてよいと思う」と説明しました。また、F君が混乱しないように他の先生たちにも同じように指導していくことが大切であることを話し、その方針で取り組むことを確認しました。そして、私もF君に積極的に関わっていこうと思い、救急箱を気にするようにして、F君が絆創膏を持ち出そうとしたときには「ダメッ！」と叱り、絆創膏の持ち出しを許さないようにしました。F君はやりたいことが許されないので、癇癪を起こして狂ったようになりましたが、このような状態になることはAちゃんの事実からも予想していたことなので、私はこの状態はF君が変わっていくための必要な過程なのだと思い、勝手な行為は許さないという姿勢を崩しませんでした。

それからも、私は機会あるごとにF君に厳しく接していきました。厳しくといっても特別なことを課したわけではなく、他の子と同じように生活することを求めただけです。でもそれは、勝手気ままに行動してきたF君にとっては、好き勝手に行動できないのですから厳しいものであったと思います。教室へ集まる時間に外で歩き回っていれば声をかけて教室へ連れて行きましたし、花壇などの入ってはいけない場所に入れば叱って出しましたので、F君にとって私は煙たい存在だったと思います。注意することばかけも、かなりきつめに「ダメッ！」と言うことを意識しました。なぜなら会話が成立しないだけに、本当にやってはいけないことなのだと雰囲気からもわからせる必要があると思ったからです。

私は必要なときにはそのように厳しく接しましたが、F君と思いが通じ合うようになりたいとも思いましたので、普段から意識的にF君の顔を見ながら少し声を強めて名前を呼んで挨拶をしたり、話しかけたりもしていきました。なぜなら、一つはF君が周囲の人に興味を示さないので、名前を呼んで顔を合わせることで私を意識させたかったからです。もう一つはF君は人の話を聞かないので、話しかけられているということを意識させないと指導が始まらないと思ったからです。私は「F君にことばは通じていないだろうな」と思いつつも、「これも像のつみかさねだ、いつかは変わる」と思って続けていきました。

(4)　F君はどのように変わったのか

私たちの取り組みによって、F君は少しずつ変わっていきました。全職員で同じように対処していくことで、救急箱から絆創膏を持ち出すことはなくなっていきました。はじめの頃はことばかけにも反応しませんでしたが、くり返し指導するうちに「ダメッ！」と言えばやってはいけないことだとわかるようになり、やりたいことを制止されても癇癪を起こすことが減っていったのでした。

ある日、私が職員室で仕事をしているとF君がニコニコしながら入ってきたのですが、私を見つけるなりニコニコしていた顔が一瞬にして曇りました。私は「嫌われたな」と少し寂しい思いをするとともに、指導方法に自信があったわけではありませんので、「やり方が間違っているのかな、やりすぎたかな」などと正直気持ちも揺らぎました。それでも、周囲の人に興味を示さないF君が私という人間をはっきり認識したということではあるので、「その意味では少し変わってきたのだからいいか」と自分で自分を慰めました。

職員室での出来事もあったので、F君は私のそばには寄ってこないだろうと思っていたのですが、そのうちに私に親しく接してくるようになりました。F君が私に体を預けてくるのでそのまま押し相撲になったり、私の上着のファスナーに興味を示してファスナーを上げようとするので、二人でファスナーを上げたり下げたりするあそびになったりしました。

嫌われてもしかたがないと思っていただけに、そばに寄ってきたときはうれしかったのですが、なぜ私に寄ってくるのだろうと不思議な思いもありました。なぜなら、厳しく接するとこどもとの関係が悪くなるように思われがちだからです。ところが、必ずしもそうではないのだと思いました。F君と私はこどもとお母さんの関係のようなものだと思います。赤ちゃんが一番身近で世話をしてくれるお母さんをまず認識して頼っていくように、私は他の先生たちより少し強くはたらきかけていたこともあって、特にF君に認識されるようになったのだと思います。

年長組になると宿泊保育をするのですが、昼寝の時間にF君の班の部屋へ行くと、他の子は寝ているのにF君は起きあがって歩き回ろうとしていました。私が部屋に入ってくるのを見つけるなり、注意されると思ったのでしょう、自分で布団に戻り横になりました。まだ勝手きままに歩き回ることは多かったのですが、今は自分が何をするときなのかわかるようになってきているのだな、とF君の成長を感じた一コマでした。

三　保育に求められるものは何か

F君への指導を通して、私は「教育とは何か」ということを改めて考えさせられました。海保先生の師である南郷継正先生は、人間の教育について次のように説いています。

人間は人間として社会的関係の中で、かつ社会性を持つべく育てられて、初めて人間として成長できるのである。これはいかに強調しても、しすぎるということはない。

……

本能の実力は自然的に育ってくるものであるが、認識の実力は自然的に育てると、ほとんどがイビツになってしまいかねないことになる。少し説けば、認識の実力は教育されることによって、すなわち、赤ん坊から思春期である中学生になる頃までの育ち方、もっと説けば、その頃までの親の、周囲の、友人の、学校の、読書の、音楽の関わりの中で訓練されて初めてまともに育つものであり、実力として花開く基盤が達成されることになるものである。(『南郷継正　武道哲学　著作・講義全集　第十一巻』現代社)

このように人間は「人間として社会的関係の中で、かつ社会性を持つべく育てられて、初めて人間として成長できる」と説かれています。イヌやネコの子は本能に基づいて生きていきますから、放っておかれてもイヌやネコとして成長していきますが、人間のこどもは放っておかれたら人間として成長できません。つまり、教育に関してはすべて「人間として社会的関係の中で、かつ社会性を持つべく育てられて、初めて人間として成長できる」ということに集約され、また同時にここからすべて考えて取り組むべきものであり、まさに教育における人間の一般論だと思います。

ふり返ると、私は二十代の頃から、教育におけるこの人間の一般論を、乳幼児を対象とする保育を考える上での大前提にしてきたように思います。だから、F君への指導のありかたを考える前提として、「集団生活をする以上はF君だけに許されるルールを作ってはいけない」と思ったのでした。

しかし、これをF君のような特異なこどもの保育の指針と受けとられたとすれば、それは違います。F君以外のB君にもC君にも、みんなに言えることだということです。F君に限らず、こども（人間）は社会的関係の中で必ず個性的に育ちます。したがって、個性的に育ったこどもの認識をそのままにしておくのではなく、より社会性ある認識へと育てていくことが保育に求められると思います。社会性というと難しくなりますが、易しい例で言えば、家庭で積み木を独占してあそぶことは何の問題もありませんが、幼稚園や保育園では他のこどもたちと一緒に積み木であそんだり、積み木を分け合ってあそんだりしなければならないということでわかっていただければと思います。

いずれは独り立ちしていわゆる社会へと巣立っていくこどもたちに、社会で生活できる力を少しずつつけさせていくために、家庭という狭い社会から、様々なこどもたちがいる幼稚園や保育園というより広い社会へ出て、そこでしっかり生活できる力をつけさせていくということです。

海保先生のAちゃんへの指導はこの人間の一般論をしっかりとふまえたものであり、私のF君への指導においてもこの人間の一般論をふまえて行ったものでした。しかし、幼稚園や保育園の先生方の「こどもに社会性を身につけさせるということが大切なのはわかるけれども、どのように指導したらよいのかわからない」との不安や疑問の言葉を時々耳にします。このような不安や疑問に対して、海保先生のAちゃんへの指導や私自身のF君への指導を通して、自分なりに思ったことは二つあります。

一つは、海保先生が「これが大人でしたら、この二つの像を並行していくことも可能かもしれません。…（中略）…そんな能力は幼児にはありません。幼児の像は見事なまでに五感情像そのものですから」と説かれているように、幼児には幼児の特殊性があるということです。幼児の像は見事なまでに五感情像であるだけに、F君にとってはいくら心地よいことであっても、社会生活をする上では勝手気ままであるその像を「たたきこわしながら」でなければならなかったのでした。一方で、幼児の像はそれまでにつくられてきたとは言ってもまだ年数的にはそれほどつみ重なってきていませんので、「くり返し接していくと変わっていく、幼児だからこそまだ変わっていける（変えていける）」と思います。

もう一つは、F君に厳しく接したのは、何もF君が嫌いなどという感情ではもちろんなく、F君が社会のルールを守って生活できるようにという私の思いからでした。私は何とかF君と思いが通じ合いたいと願って、顔を見て名前を呼んだりことばかけをしてきたりしたのですが、そうしていくことで私の思いが少しずつ伝わっていったのではないかと思います。それは、海保先生のAちゃんへの指導においても同じだったのではないだろうかと思います。Aちゃんへの指導については事例として詳しく説くために取りあげられたものではないのではっきりと書かれていませんが、海保先生と成長したAちゃんとの温かい会話から、海保先生がAちゃんの勝手気ままな行為を厳しく制止しただけでなく、きっとAちゃんと思いが通じ合うようなはたらきかけもたくさんされていたのだろうと推測することができました。

このように保育においては、まず幼児の特殊性をしっかりとわかることが大事であり、その幼児の特殊性をふまえて、どのようにはたらきかけていかなければならないかを考えていくことだと思います。そのためにこどもの認識（像）がどのようにつくられていくのかを改めて学び直したいと、思いを新たにしています。

今回は、保育者の幼児への指導を中心に見てきたのですが、社会性というものはこどもたちの中でしか育ち得ないこともあります。他の子と一緒にあそぶ楽しさや、思うようにできなくてくやしい思いをすることや、けんかもするけど仲直りもすることなど、こどもたちの中でしか味わうことのできないことを体験させていくことも大切です。そのような事例もいずれ取りあげていければと思っています。

（了）

15　ナイチンゲールが説く看護教育を考える（五）

――私が受けた准看護学校教育の実際

橋本律子

はじめに

『学城』の読者のみなさま、本当にお久しぶりです。私は准看護師の橋本律子と申します。『学城』への小論掲載は、第十一号以来となります。

これまで私は、自分がまだ准看護学生だった時に、母校であるM准看護学校でどのような教育課程を辿ってきたのか、そしてそれはどのような論理的意味を持つものであったのか、を『季刊 綜合看護』（現代社）で三回、『学城』第十一号で一回、説いてきました。

前回の小論では、准看護学校に入学してから約七カ月が経ち、医療施設での臨地実習を迎え、最初の概要的実習〔基礎Ⅰ〕を終えて、いよいよ、患者の方を受け持つことになる実習〔基礎Ⅱ〕が始まろうとしているところまでを述べてきました。ですから今回はそこから再開していくことになります。

（1）

A総合病院での、初めての実習〔基礎Ⅰ〕が終わり、遂に、実際に患者の方に看護を施すことになる〔基礎Ⅱ〕が始まりました。〔基礎Ⅱ〕は計二十日間の実習であり、私の所属する班の実習は、前半の十日間は〔基礎Ⅰ〕と同じA総合病院の、外科病棟で行われました。

まずは、だれがどの患者の方を担当するかを決めることから始まります。それはどのように決めていくのかというと、実習指導の看護師の方が、実習に協力してくださる患者の方を事前に選定しておいてくださるので、その患者の方々の大まかな個人情報（年齢、性別、病名、性格など）をお聞きして、その中で自分はどの方を受け持ちたいかを班員の中で話し合って決めるのでした。その結果、私はIさんという方を受け持つことになりました。否、正確にいえばIさんを受け持つことに「なってしまった」のでした……。

それはどういうことかというと、実習指導の看護師の方が患者紹介をしてくださった時、「Iさんは60代男性、胆石症による胆囊摘出手術を控えています。会社勤めをしていた時は野球部のコーチをしていて、いってみれば体育会系、しかも関西出身ということもあって……、ちょっと、クセがある……」と、看護師の方自身、バツが悪そうにおっしゃったのです。

それを聞いた瞬間、私を含めた班員全員が「（ヒエェエエ～！）」となり、見事なまでに怖気づいてしまったのです……。私は思わず、「そりゃあ最終的にはどんな患者さんであってもきちんと看護できるようにならなければいけないだろうけど……、初実習の初患者としては、これはハードルが高いんじゃないですかぁー⁉」と心の中で悪態をついたものです。

当然に、だれも進んでIさんのことを受け持とうとはせず、皆おずおずと「わ、私はNさんがいいなぁ～……」「私、Rさんで、いい……？」となっていき、どうやらIさんを担当したいという人は出てこない状態になってしまいました。その様子を気まずく感じとった私は、「これはもう私が腹をくくるしかないか……」と思い、（失礼ながら）犠牲的精神を発揮して、Iさんを受け持つべく立候補してしまったのです。その瞬間、皆から「助かった……」という思いの歓声が上がったことは、今となってはいい思い出です……。

（2）

各実習にはそれぞれ、准看護師として身につけていかなければならない課題となる項目が定められています。〔基礎Ⅱ〕での主な実習課題は、「コミュニケーション」、「バイタルサイン測定」、「環境整備」、「ベッドメーキング」、「体位変換」、「清拭」、「手浴足浴」、「口腔ケア」といった基礎看護技術がありました。ですから、この時点では私たちは「ベッドメーキング」などの基礎看護技術については、ある程度の練習を重ねてきていましたが、当然ながら本物の実習に向けての「疾病」に関する学習はまだほとんどなされていない状態でした。

もちろんこの時点でも、受け持ち患者の疾患については一般的なことは分かるように教科書を確認する程度のことはしていますが、ここでは基礎看護技術を展開していくことが最重要課題ですので、受け持ち患者の疾患についての学習にも重点を置き始めるのは、まだまだ先となるのです。

さて、実習初日となるこの日のメイン課題は「患者とのコミュニケーション」というものでした。これは実際には何を行うのかというと、学生が受け持ち患者のベッドサイドの椅子に座って、患者の方と対面で、平たく言えばとりあえず今日は「楽しくおしゃべり」できればいい、というものでした。時間の目安は十五～二十分間、状況によってはもっと短くなっても、長くなっても構わない、というものでした。

この日、私が初対面のＩさんと会話するにあたって、「実習行動計画」の中に「注意点」として挙げていた項目の一部を記しておきます（この「実習行動計画」についても述べておきたい大切なことがたくさんあるのですが、今回はページ数の関係で割愛し、またの機会に述べていきたいと思います）。

① これから看護実習をさせていただくにあたって、信頼関係を築いていくことができるように、しっかり身だしなみを整え、まずは、ハキハキと明るく笑顔で挨拶をする。

② 相手が穏やかに会話しやすいように、自分の声量や言葉遣いを工夫し、会話の内容だけでなく、表情や態度も不快感を与えることのないように気をつける。

③ 初対面の話し相手として、いきなりプライベートなことを聞き出そうとしたり、一般的に人に話しにくいようなことを話題に出したりしないようにする。

④ 想像や予想や思い込みで間違ったことやいい加減なことを言ったり、嘘と思われること話したりしない。

この「注意点」をあげるにあたって考えたことは、もちろん、看護の本質をしっかり押さえての上です。なぜなら看護行為をするには、どんな場合であっても、看護の本質たる「生命力の消耗を最小にするよう生活過程をととのえること」（薄井坦子著『改訂版　科学的看護論』日本看護協会出版会）の筋を逸脱してはならないと思うからです。もし逸脱してしまったとしたら、それはたちまち「看護」ではなくなってしまうとの信念を持ち私は持ち続けてきているからです。

ですから今回の「会話をする」という課題に際して、とにかく、患者の方の気分を害するようなことだけはあってはならない！　という思いが私には強くありました。なぜなら、「患者の方の気分を害する＝生命力を消耗させること」だと思えるからです。

たとえば①についていえば、白衣が汚れていたり、髪や着衣が乱れていたりしたら、「え、この子清潔感がないな……なんだかだらしなさそう……こんな子に担当されて大丈夫なの……？」ともなっていくでしょうし、その不快感や不安感といった感情が、それが気になる患者の方にとって、回復過程を大きく阻害することにつながりかねないと思えるからです。

（3）

さて、いよいよIさんのもとに行き、実習開始の挨拶をして、「おしゃべり」する時間となりました。

私は元来、かなりの人見知りかつ口下手で、それはもう、自分でも嫌気がさすほどに、です。そんな私にとってその時は、初めてお会いする方、しかも何十歳も年上の方といきなり会話しろというのは本当に試練そのものに思えて大変なものでした。

しかもお相手は、病を抱え、手術を控えている入院患者です。初対面かつそのような特殊な状態にある方なのですから、どのような心理状態にあるのか、どう思ってもどうにも想像がつきませんでした。

それ故、です。それこそ私は清水の舞台から飛び降りるような心持ちで、覚悟を決めて（本当です）病室に向かいました。

「果たして何事もなく無事に過ごせるだろうか……そもそも十五分も間が持つだろうか、変な沈黙が続いてしまったらとても耐えられそうもない……。上手に受け答えができなかったり、誤解されるようなことを言ってしまって、関係が悪くなったらどうしよう……それで明日からの実習に支障が出たら大変なことになる……あぁ、私は無事に病室から生還することができるのであろうか……。

でも、とにかく！　良好な関係を築いていくためにも最初が肝心！　この後の実習が滞りなく終われるように！　先生方に苦情などがいかないように！　初対面なのだし、とにかくお行儀良くしてこの場を乗り越えなければ……!!」

このような心情の渦中にあった私でしたが、この時私は、とても些細な事ではありますが、一つの決心を胸に秘めていました。それは、「絶対に、姿勢だけは良くしておこう！　胸を張って、背筋をピンと伸ばしてお話を聞こう！」というものです。なぜそうしようと思ったのかというと、私はIさんの個人情報を聞いた時、きっとIさんは「おっとり・ナヨナヨ」という感じなんかよりも、「はっきり・シャキシャキ」といった感じのほうが何か好感を持たれるのでは、と想像できたからです。

さて、実際のIさんとのコミュニケーションはどのような結果となったのでしょうか。「沈黙が続いたらどうしよう……」などと心配し、極度の緊張状態にあった私ですが、蓋を開けてみると、これが結果としてはなんとまぁ、まったく逆のことで心配をするハメになったのでした……。

（4）

初めてお会いするIさんは痩せ型で浅黒く、気さくな感じで私の挨拶に応じてくださいました。そしてなんと、ほとんど開口一番、こう私におっしゃったのです。「君、姿勢がいいね～！」と。

たしかに私はIさんとのコミュニケーションに臨むにあたって姿勢をよくしていこうと決心していたわけですが、それは「気休めにしかならないだろうけど、もしかしたらIさんが好感を持ってくださるポイントになるかもしれないから気をつけておこう」とひそやかに思っていただけであって、まさか面と向かってこんなにはっきりと姿勢についてコメントいただけるとは夢にも思っていませんでした。

それだけに驚くとともに、「やった！　私の想像した通りだった！」と嬉しくもなりました。この後も会話の途中に何度となく「いや～姿勢がええ。シャキッとしとる。しっかりしてそう。」などの言葉を、Iさんは感心した様子で言ってくださったので、「たかが姿勢、されど姿勢」、一見看護とは関係ないようなことでも、本当に看護師の「態度」が患者の方にどう影響を及ぼすのか分からないものだな、だからこそ気をつけなければ……、としっかり思わされてしまうことになったのでした。

さて、ホッとしたのもつかの間、それは突如、始まりました。

「俺、黄疸が出てるって言われたんやけど、どう？目玉が黄色いって言われるんやけど、これ、そんなに黄色い？　どうなん、教えて。」と言いながら、親指と人差指を使って目を大きく見開くようにして、私の方にずいっと顔を寄せてきたのです……！

私は内心「ぎゃーーー近い近いコワい！　しかもいきなり病気のこと来た！　分からないし！　こんなの聞いてないよ〜〜！」と、先程の安堵したココロは一瞬にして吹っ飛んで、色々な意味で冷や汗タラタラ状態になっていきました。

そもそも、私は黄疸を実際に見たことすらなかったからです。実際の黄疸がどのようなものなのか分かりもしないのに、イエスともノーとも言えるわけがありません。でも、だからといって自分が実習行動計画に書いたように、正直に「分からない」と言ったらIさんはどう思うのだろう？　なんだこいつ、看護師の卵のくせにそんなことも分からないのかと思われてしまうかも……？　それは嫌だ……、同じ「分からない」でも言い方があるよな、どんな言い方をすれば呆れられず、不快にもなられず、自然に受け入れてもらえる？　そもそも、Iさんは黄疸のことをどう思っている？　純粋に知りたいだけ？　黄疸といわれてショックを受けている？　認めたくない？　Iさんと今後の関係が良好に保たれるようにするには、一体どんな返事をすればいいの⁉……と、私のアタマの中には混乱とともに、一瞬にして様々な思いが溢れかえりました。

とはいえ、私は准看護学生の立場としての、しかもIさんに不快感を与えない言葉はどれだ⁉　と、その時の自分には最善と思える言葉を選びだすことに全神経を集中した末、努めて穏やかに、以下のように答えました。

「あーそうなのですね、ごめんなさい、私まだ黄疸を見たことがないので、どの程度で黄疸と言うのか分からないんです……。けど、見た感じ、黄色いっていうか、私には長い間、日焼けされてきたのかな？　って感じに見えます……。」

するとIさんは、「そうそう、真夏の炎天下でも外によう おったからね。昔っからこんな色だと思っとんのよー。」とおっしゃったのです。

私はIさんのあっけらかんとした物言いに拍子抜けし、ほっと胸をなでおろすとともに、「あぁ、Iさんは自分は黄疸は出ていないと思っているのだな、でも、ただ単にそう思っているだけなのか、やはり認めたくないという思いがあるのかも……」などと、再び深く思いをめぐらせることになったのでした。

そして次です。この時Iさんは持続点滴をしていたのですが、その点滴をおもむろに指差し、「いろいろ勉強しとるんやろね。さて、この点滴はどういうもの？」と言ってきたのです……。

先に述べたように、この時は疾病などに関する個別的な勉強はそれほどしておらず、ましてや実際に病棟で使われている薬品など分かるわけもなく、点滴のことなど知るわけもない状態でした。そこにきて「まさか知らないわけないでしょ」と言わんばかりの、まるで私のことを試しているかのような問いかけに、再び冷や汗が噴き出る思いになったのでした。

私は心の中で「とりあえず対応しなければ……。Iさん自身、これが何なのか分かって聞いているのか？　それとも知らないで聞いているのだろうか……とりあえず、ウソや間違ったことだけは言ってはいけない……」という思いで、立ち上がって点滴に書いてある文字を読んでみました。

そして、「えー輸液……持続液……。成分はブドウ糖、ナトリウム、カリウム……なので、体の中の体液と同じような、補うような、成分の液を入れているのだと思います……」といったようなことを伝えたと思います。

するとIさんは「ふーん……」といった感じで、分かったような分からないような、あまり興味がないような感じでもあったので、「どうやらIさんはこの点滴が何なのかあまり分かってはいないみたいだな……」と思いました。

そしてそれっきりこの話は終わったのでした。

(5)

しかしIさんの私への進撃（？）はまだまだ続きます……。

「ほんでな、女房が愛想尽かして出ていってしもたんやわ。そうなってもうたら、後の祭り。もう情けないほどにダメになってしもうて。なーんもする気力がなくなって、毎日飲んで飲んで飲んだくれて、遂には横になったまま動けなくなって、褥瘡までできてん。息子夫婦が発見してくれんかったら、死んどったわ。」

このように、朗々とご自分の身の上話をするIさんに、またしても私はひっくり返りそうなほど驚かされました。「い、いきなりのプライベートかつディープな話キター！　しかも動けなくなるまで飲むってどんだけ!?　この歳で褥瘡できるって、どんだけー!!　この方は私の想像を絶する人生を送られている……間違いなく私の今までの人生で関わったことのないタイプだ……ますますIさんが分からない、下手を打ったらどうしよう〜〜〜」となってしまいました。

それでもIさんは続けていくのです。

「ほんで、手術が終わって元気になったら、婚活でもしようと思っとんねん。どう思う？　娘からは再婚は絶っ対に嫌だ言われとんのやけど、どう思う？　もう結婚して子供もいるってのに、やっぱり娘としてはいつまで経っても嫌なもんなんかねぇ？」

……私は平静を装いながらも、心の中では泡を吹いて倒れていました。あれだけ「いきなりプライベートなことには土足で入らない」と指導され、私もそう心得てこの場に挑んできたのに、なんとなんと、患者ご本人のほうから、プライベートの爆弾をこれでもかと投げ入れてくるではないですか……。

ここでも私は「初対面でこのヘビーな話〜！　Iさんのパーソナリティも家庭環境も分からないのに、どう返すのが一番いいのかなんて、全然分からない〜！　言っていいことと悪いことはどれだ⁉　いいですね？　ダメですよ？　いい歳して？　好きにすれば？　そんなこと言っていいわけがない〜！　饒舌なIさんに乗せられて、いらんことを口走ってしまったら大変だ……‼」

結局私は、「自分がまだ大人になっていない時でしたらたしかに嫌かもしれませんが、もう自分が独立した後でしたら、自分の人生は自分の人生だし、親の人生は親の人生ですから、私としては、本人の好きなようにして生きていってもらいたいと思いますね……」と答えましたが、その後のIさんとの会話がどのように流れていったのかはほとんど覚えていません……。

が、一つだけ、はっきりと覚えていることがあります。それは、当初心配していたこととは裏腹に、「これ、いつまで続くの……会話よ途切れよ……」という思いでアタマがいっぱいになったことです……。そうこうしているうちに、嵐のような「コミュニケーション」の時間は終わり、気づけばなんと、一時間以上の時が経っていたのでした……。

Iさんのベッドサイドを失礼して退室する時、同じ病室で自分の担当患者とのコミュニケーションを続けている班員の秋葉さんの横を通りました。どうやら好きな食べ物の話をしている様子で、

秋葉「えー、だってチョコレート美味しいじゃないで

すか。私ほぼ毎日食べてます！」

患者の方「あらあら、でもチョコばっかりじゃなくてちゃんと他のものも食べないとダメだよ」

秋葉「いいじゃないですかチョコ〜、チョコがなかったらツラくてヤバいと思います〜」

という楽しげな声が聞こえてきました。それを聞いた私は「こんなにも人見知りせずに、初対面でもポンポン会話ができるなんてすごいなぁ……」と思ったのでした。

ですがそれもそのはずな面があるのです。すなわち、私以外の班員は、准看護学校に通いながら、どこかしらの病院や施設で、看護助手や介護士や介護助手として勤務しているのですから。そのため、患者の方とのコミュニケーションは彼女らにとっては言ってみれば日常的な行為であり、少なからず、既に慣れているものだったのでした。

（6）

そうこうして、カンファレンスの時間となりました。カンファレンスでは、今日の実習課題に取り組んでどうだったか、あった出来事や疑問点や反省点などを一人一人発表し、それについて意見を出し合い、次回以降の実習に生かせるようにするための話し合いが行われます。

私はそこで、本日Iさんから黄疸のことや点滴のことを聞かれて困った、ということを話しました。するとこれには先生方を含めた全員が「エーッ！」となったのでした。そこで他の班員も「自分だったら何と答えるか……」を考えて意見を出し合い、先生も助言してくださったことで、「あぁ〜なるほど〜、そういう答え方もあるのかぁ」と、自分では思い浮かびもしなかった意見を聞くことができました。

全員の発表の後、実習指導の看護師の方から以下のようなお話がありました。

「みなさん、一日お疲れ様でした。みなさんは大変だったと思いますが、こちらとしては、みなさんと患者さんとの会話の報告を聞けてとても助かりました。なぜなら、私たちも知らなかった患者さんのいままでの生活歴や、現在思っていることなど、いろいろと知ることができたからです。

コミュニケーションの醍醐味の一つは、看護のための情報収集ができるということです。何気ない会話の中にこそ、重要な情報が出てきたりもするものです。みなさんは初日ですから、今日はただ楽しく、人間対人間として、良好に意思疎通ができれば合格ですが、今後は、なんでもないような日常の中にでも看護の情報を見出す！という視点で、実習中を過ごしてみてください。」

また、実習指導の先生は、私の今日の「コミュニケーション」についてもコメントをくださいました。

「橋本さんは、黄疸のことなど予想外のことをたくさん聞かれて戸惑ったでしょう。でもそこで変に戸惑った様子を見せないで、何も知らない初心者実習生という立場からしっかりと対応できていてよかったと思います。分からないことは変にごまかしたりせず、「分からない」と伝えましたよね。そのことで、誠実さはしっかり伝わったと思いますよ。

それに、ここは患者さんの生命に関わってくる医療現場です。間違った知識や思い込みでの行為は、医療事故や、命を脅かすことに直結しますからね。ここはみなさん忘れずにいてください。」

私の主観としては、私はIさんという荒波に飲まれないようにただただ必死で、なんとかかんとかその場を乗り切っただけ、ですから、けっして褒められる部分などないと思っていました。

それなのにこのような予想外のコメントをいただいて驚きましたが、こうして解説していただくことで「たしかにそうだ」と分かることができました。

(7)

これに続いて、実習指導の教員の先生からは以下のような話がありました。

「みなさん、今、とても大切なことをたくさんお話しいただきましたね。

みなさんはまだ実習生という立場ですが、看護師は何をするにあたっても、絶対に「看護師として」の立場から物事を見て、考えて、行動できるようにならなくてはなりません。

先程のお話でいえば、ただの与太話のようなものであっても「看護師として」会話をして、「看護師として」の視点でどれが看護の情報か、逆にどれが看護には必要のない情報かも、見分けられるようにしなければならないということです。

何事をするにあたっても、この「看護師として」という意識で臨んでいくことが、今後みなさんに求められることです。

それではということで、今日の自分の「コミュニケーション」の場面一つ一つを、「看護師として」という視点と照らし合わせて振り返ってみてください。どうですか？　自分のした発言が「看護学生として」の発言になっていれば合格ですが、「これじゃただの友達じゃん」という場面もあったのではないでしょうか？　今はまだみなさん緊張感があると思いますが、そのうち緊張感が無くなったり、慣れが生じてきたりすると、酷いとまるで「近所のオバちゃん」や「親戚のオバちゃん」のようになってしまったり、「上司のよう」なんてことも起こってきてしまうのですよ。そんな看護師、イヤでしょう？」

このお話を聞いて、私は秋葉さんのことを思い出していました。私は秋葉さんと患者の方との会話はたったの数秒しか聞いてはいませんが、少なくとも秋葉さんの発言は「看護師として」ではなかった、友達として、というか、まるで優しい祖父とワガママな孫のようであった……と思いました。それから、患者の方とのコミュニケーションに慣れていることや、性格的に人見知りしないことなどは、もちろんよい面もありますが、それと同じくらい、厄介になってくる面もあるのだ……ということを思い、慣れは誰にでも起こりうることなので、これはいずれ自分にも起こりうることなのだ……と、うすら寒い思いになったのでした。

ここから先生のお話は次のように続きました。

（8）

「看護師の看護技術というと、どうしても目に見える手技が思い浮かばれがちですが、実際はそうではありません。廊下を歩くことも、ベッドを覗くことも、看護師が行うことは本来、すべてが看護技術でなければなりません。ですから「たかが会話」であっても、看護師が患者に対してするのであれば、これは看護技術でなければならないのです。「ただの会話」であれば、何も看護師でなくても誰でもできますからね。」

これを聞いて、班員の尾花さんから以下のような発言がありました。

「……先生、看護師として患者さんに接しなければならないというのはよく分かるのですが、会話ですら看護技術でなければならないというのは、ものすごく大変なことだと思ってしまうのですが……。もう明日からどう会話すればいいのか分からなくなりそうです。なんだかくだけた会話をしちゃいけないというふうに聞こえるのですが……、でも実際にはそんなことはないように思うのですが……。」

私は、尾花さんの意見はもっともだと思って聞いていました。それに対して先生は以下のように答えてくださいました。

「そうですね、ここはちょっと説明しておかなければなりませんね。

そもそも「看護師」とは何ですか？　患者さんの病気からの回復を手助けできなくてはならない存在ですよね。ですから「看護師として」というのは、すべての働きかけが患者さんの病気からの回復を促すためのものでなければならない、ということです。

ですから、きちんと「看護師として」のフィルターを通して正しく判断したことであれば、何をしてもよいのです！　会話の中で大笑いすることも、軽口を叩き合うことも、逆に沈黙であっても、たとえ怒鳴ることであっても！　本当にそれがその患者さんの回復のために必要なことなのであれば、それは立派な看護行為なのであり、進んで行うべきことなのです。ここは勘違いしないでくださいね。

「素のままの自分」がやりたいように物事を判断するのではなく、自分の力で「看護師として」の判断をし、そこから意図的な言動ができること、それが「看護の技」なのです。

……みなさんは小学校・中学校の時、なんだか分からないけど理不尽に怒る先生や、感情のままヒステリックに怒鳴る先生などいませんでしたか？　そういうのはダメだという話です。」

これを聞いて、たしかに先生には常に「先生として」の視点から、理性的に行動してもらいたいよなぁ、と妙に納得させられたのでした。

そしてまた、秋葉さんの患者さんとの会話が思い出されてきました。すなわちあの秋葉さんの会話では、たしかに楽しくなって回復の一助となる人もいるかもしれないけれど、人によっては不快に思う人、疲労してしまう人もいるかもしれない……と思い、同じ現象であっても条件次第でまったく違った結果になってしまうのだ……と思え、「看護師として」判断することの重要性を分からされたのでした。

「「看護師として」の言動ができるようになるには、とにかく、訓練あるのみです。患者さんは一人一人違った人間なのですから、その人に必要な援助も一人一人違って当然です。一口に「思いやりの心で接する」と言ったって、何を思いやりと受け止めるのかすら、その人によって違うかもしれないのです。

ですから、その人が何を思っているのか、何を求めているのか、こうしたらどう思うのか……、それが判断できるようになるためには、まずはとにかくああでもないこうでもないと、思いを馳せられるようにしなければなりません。自分の思いと他人の思いは違うのですから、決して自分の思い込みや勝手な予想で「こうだろう」と決めつけることがあってはなりません。こうかもしれない、ああかもしれない、と、それこそ百通りくらい思い浮かべられるようになってください。そのためにも、みなさん忙しくてなかなか時間がとれないでしょうが、本当はたくさん小説や、漫画を読むことが必要です。たくさん映画やドラマを見てもらいたいです。そしてなにより、人に興味を持って、接していってください。」

このお話を聞いて、私はIさんとの場面を思い出し、「あぁ、私がIさんへの返事に窮して頭の中でああでもないこうでもないと考えたことは間違っていなかったのだ」と嬉しく思うとともに、「でも百通り⁉　そんなことが本当に可能なのなのだろうか……いくらなんでもオーバーだよなぁ。だけど、たしかにIさんは私の想像を絶する考えを持たれていそうな人だよな……ということは、いくら私が頑張って考えようが、Iさんの思っていることは、本当に百通りくらい考えないと当てられないのかもしれない……というか、百通りも考えられるようになったらどんな状況にも対応できるようになれるのではないか⁉　それはすごいことだけど……」と思いました。

とにかく先生方からのお話でも分かるとおり、看護師はいついかなる時であっても「看護師として」の一般性を貫いて仕事にあたらなければならないということを学びました。そしてその「看護師として」の中身は、「生命力の消耗を最小にするよう生活過程をととのえること」なのであり、今回のように自分がどんなに緊張状態にあろうが、落ち着いて、常にこの筋から考えて行動していくのを技化していかなければ……と、心を新たにしたのでした。

(9)

さて、私がIさんとコミュニケーションを図る際に、自分の姿勢について注意していた、それによってIさんにいい印象を持っていただけた、というのは先に述べたとおりです。この姿勢に関して、この時、私は心の片隅で、うっすらと不思議に思っていたことがありました。それは以下のようなことでした。

「接客業の人や、テレビに映る芸能人などを見ても、姿勢がいいほうが見た目の印象がいいのは明らかなことだと思う。けれど周りの実習生の姿を見ると、意識的に姿勢よくしている人や、無意識的にでも姿勢よくできている人がいる一方で、自分の姿勢にはまったく無頓着で、姿勢が悪くても全然気にしていない様子の人もいる。姿勢がいいほうが印象がよくなるとか、姿勢も身だしなみの一つだとか、思わないのかな？　まぁ、これが大きく看護の質に関わるというわけではないだろうから、別にどうでもいいといえばそれまでだけど……。

でも、姿勢が悪いと体のいろいろな部分に負担がかかって、将来的に腰が痛くなったり、膝が痛くなったり、頭痛が起きたりと、身体に不具合が生じてくるだろうから、そうなると看護師の仕事にも支障が出てきてしまうけど……。自分が健康でなければ仕事にならなくなるし、看護師は患者さんの健康に携わるわけだから、健康であるにはどうすればいいのかを分かる自分でなければいけない気がするけれど……。」

そんなある日、クラスメイトのCさんと話していた時、Cさんは何気なくこんなことを話してきました。「あーツラい。私、肩凝りがヒドいんですよねー。橋本さん、何か肩凝り解消のいい方法知りません？」

それを聞いた私は、これまた何気なく「んー、Cさんは猫背だからねぇ。」と答えました。すると、Cさんは心底驚いた様子で、「え！　猫背!?　私、猫背ですか!!??」と言ってきたのです。それを聞いて、私のほうこそびっくりしてしまいました。なぜならCさんは、背中の上部が前傾して丸くなっており、首と頭が前方に出ていて、誰がどう見ても立派な猫背だったからです。

Cさんは慌てた様子で、「え、え、私どうすれば猫背じゃなくなりますか橋本さん！　私の猫背、直してください！」と言ってきたのです。

それを聞いて私は、「Cさんは、生まれてこの方自分が猫背だとは夢にも思っていなかった、というか、このことに気づくような機会がなかったのだなぁ。今まで親からも友達からも、だれからも姿勢について指摘されることがなかったのだな……。そう考えると、たしかに私は、親や学校の先生から姿勢を正すように教育された過程がある。ちゃんと言ってくれる人がいるというのはありがたいことだなぁ……。」と思いました。

それまで私は、姿勢の悪い人というのは姿勢が悪いということを自認していながらもその状態が平気なのであって直す気がないのだ、または病気などの事情があって直せない人なのだ、などと思っていました。

しかしCさんとのことで、「自分の姿勢が悪いとは思っていないから直さない＝ただ知らないだけ」という場合もあるのだということを、衝撃とともに知ることになりました。このことで、自分はまだまだ勝手な想像や思い込みで人の心を推し量ったり、物事をみたりていたのだということを思い知らされたのでした。ですからいつもいつも、「自分の考えは間違っているかもしれない」と思い直して、「こうかな？　ああかな？」とさまざまに考える訓練を日常的にしていかなければ本当の看護はできるようにはならない、と改めて思わされたのでした。

それとともに、自分が気づいたことをしっかり伝えることや、気になったことを言葉にして聞いてみる、ということが、コミュニケーションにおいて本当に大事になってくるのだと思ったのでした。

以上に述べたことは、今後実習におけるコミュニケーション、すなわち「患者とのコミュニケーション」だけでなく、「看護師同士のコミュニケーション」や「他医療関係者とのコミュニケーション」などにおいても本当に重要になっていくものだったのでした。

そしてそのことを、私たちは今後の実習の中で嫌というほど分からされていくことになるのでした……。（続）

16　唯物論の歴史を学ぶ（八）

朝霧　華刃

（一）

私の学問力を向上させるべく、説き始めてきた「唯物論の歴史を学ぶ」も八回となりました。

毎回毎回、冷や汗の流れ出る思いのままに、ここまで書き綴ってきました。そしてその間に、南郷先生の「哲学・論理学」についての著作も発刊され、それに学ぶつもりであっても、なかなか著作の内容を理解するのが大変な日々でした。

ですが、やはり私としては、この「唯物論の歴史を学ぶ」の実践は、私自身の志す「武道論」を歴史上女性初の著作として、かつ南郷先生に負けない女性初の武道哲学レベルに！　と思っていますので、一歩一歩の僅かな進め方であろうと、努力し続けていきたいと思っています。

前号は、エレア派のゼノンさんについての学びでしたが、今号は初心に戻る意味もあって『唯物論の歴史』（西本一夫著　新日本新書）の著書への直接的学びにし、その続きから説くことにしたいと思います。

しばらく目次を書いていなかったと思うので、自分の学びのためにも改めて目次から振り返りたいと思います。人物名等を加えましたので、ご了承下さい。

前回にも、少し説きましたが、この「唯物論の歴史を学ぶ」を連載中に、南郷先生の『哲学・論理学原論〔新世紀編〕』（現代社）という、なんとも厳しい本が出されました。それで、南郷先生の唯物論はどのようなものかを少しばかり理解できたようにも思えました。そしてその後、この『哲学・論理学原論』の解説版らしき本として、『ヘーゲル哲学・論理学〔学の体系講義・新世紀編〕』(『南郷継正 武道哲学 著作・講義全集』第三巻、現代社)が出ました。そこで、なにか、やさしい文章のように思え、今回の書は、大きく分からされた気になっています。

その大きく(本当はささやかに、かもしれません)分からされたと思う私から、改めて「唯物論」を見直す必要にせまられてきています。とはいっても、まだまだ「分からされた」気がするだけかもしれないので、初回からの目次を記して、少しだけ目次についての私の意見をずうずうしく説いてみたいと思います。

右の目次の第一章にまず唯物論哲学の誕生、(三)に古代ギリシアの唯物論哲学誕生とあり、第二章には、古代唯物論哲学の発展と、それこそ麗々しく「唯物論は古代において誕生したのだ!」となっています。

しかし、南郷先生の右の二冊を、ともかくも読んだ私からすれば、少しずつ(ながらです……)「なにかがおかしい、いや、なにかがおかしいよ」との頭の中に騒めきみたいな雑音が出てくるようになったのです。それは、一言で言うなら、「古代の人というのは、宗教を信じなかったのか???そんなバカな!」といったものでした。

唯物論というものは、神《カミ》や仏《ホトケ》を大否定するものです。哲学上の概念レベルで説くならば、神仏というものは「観念的自己疎外」であり、人間が勝手につくりあげたもの、でした。しかし、です。古代ギリシアには、数多く神々がいるばかりか、『旧約聖書』的な中身を実在だとしています。それらの何かの神々を信じることを至上として学の展開をなしている当時の学者たちのなかに、中世のルターみたいな古い宗教批判はあったにしても、本当の神（宗教）否定論者がいるわけがないから、です。なのに、どうして、『唯物論の歴史』の著者である西本氏はあたかも本物の唯物論が誕生していたかのような目次としたのでしょうか。エンゲルスの『フォイエルバッハ論』をそのまま受け入れただけでしょうか。

簡単には、以上のようなザワザワとした雑音を少し説いてみました。しかし、今の私にはマダマダのレベルですので、今回は「ツブヤキ」でおわりとして、前号までの私の頭のままに今回は進めていきたいと思います。

今号の学びである多元論者たちに入る前に、タレスなどを代表とするイオニア学派（＝ミレトス学派）からどのようにつながっているのかについて、西本氏が説かれる部分がありますので、引用したいと思います。

パルメニデスの出現は、ミレトス学派にはじまる唯物論にたいする、観念論のがわからの批判、攻撃であった、といえるでしょう。すでにみたように、ピュタゴラス学派の哲学が不徹底な唯物論でしたが、エレア派（パルメニデスとその後継者たち）になると、意識的に唯物論を攻撃しています。このことは、同じギリシア人の植民地であったとはいえ、南イタリアが東方のイオニアにくらべておくれた農業地帯であったことと関連があると思われます。しかし、このように社会的に反動的な立場からの批判であったとはいえ、その批判が、「あるものはあり、ないものはない」という大原則をふりかざしておこなわれている以上は、唯物論者はその批判をうけとめなければなりません。

パルメニデスの原則を認めながら、しかもかれのように変化を認めることを感覚の誤りだなどとせず、万物の変化をありのままに承認することができるためには、どう考えたらよいのか。これが、パルメニデス以後の時代のギリシアの唯物論者たちが理論的に解決しなければならなかった重大問題でした。では、その解決はどのようにおこなわれたでしょうか。

五　多元論者たち

「あるものはあり、ないものはない」というパルメニデスの大原則を認め、したがって、「空気であるものが、空気でない水になる」というようなことを説かないで、しかも、自然現象の変化をありのままに認めるには、どう考えたらよいのか。この問題に唯物論的に答えようとする最初の試みが、多元論《たげんろん》とよばれる考え方です。

イオニア学派では、万物の元となる根本物質をタレスさんは「水」、アナクシマンドロスさんは「無限のもの」、アナクシメネスさんは「空気」、ヘラクレイトスさんは「火」（土水火の上り下り）としながらも「万物は流転する」と自然のうつろいゆく現象をみて流転という弁証法的なものの見方をするなど、物質の変化をみながらも唯物論的に（唯物論的にです）一元論を説いていました。

ところが、エレア派のパルメニデスさんやゼノンさんはその変化をみる我々人間の感覚そのものが不確定なものであり、変化を認めずに「あるものはあり、ないものはない」と、根本物質を変化する自然などの物質由来ではない一つの不変不動のものであるという「流転」を認めない、非弁証法的な一元論を説きました。

ここで、西本氏曰くとなります。西本先生は、その対立する考えを合わせて説いた多元論者たちのなかで、もっとも重要な人はエムペドクレスさんだ、といわれていますので、エムペドクレスさんの人物像を調べる前に、その相反するものの見方、考え方をふまえてどのように考えていったのかをまず学びたいと思いました。そこで、なんとそれが、現在の「化学」となる考え方の元となっていることにも驚かされることになりました。

（二）

① エムペドクレス

ではまず、『唯物論の歴史』に説かれている部分を引用したいと思います。

エムペドクレスは万物の「もとのもの」として、「土」、「水」、「火」、「空気」の四種の根本物質《こんぽんぶっしつ》があるとし、これを万物の「根」（リゾーマタ）とよびました。これら四種類の根本物質は、それぞれがパルメニデスのいう「あるもの」であり、したがって不生不滅である、とかれはいいます。たとえば、「水」はあくまでも「水」であり、したがって、「土」になったり、「火」になったりはしない、というのです。そしてこの四種類の根本物質に、「乾」と「湿」、「熱」と「冷」という対立した性質を、図のように配置して考えていたようです（**図1**）。たとえば、「水」は「冷たくて湿ったもの」であり、「火」は「熱くて乾いたもの」である、というように。ここで「空気」を「熱くて湿ったもの」としていることに疑問があるかもしれませんが、アクラガスのような温かい海岸地帯では、海から吹いてくる風（空気）はそういうものだと考えられたのでしょう。

さて、四種類の根本物質それ自身は、前述のように不生不滅のもの、変化しないものだとされているのですが、それ以外のもの、たとえば、木、皮、肉、骨などは、四種類の根本物質が様々の異なった割合でまざりあい、結びついたものであり、したがってまた分離《ぶんり》したり、結合《けつごう》の割合がかわったりする、とエムペドクレスは考えました。このような根本物質の結合と分離とによって、われわれが見る自然現象のあらゆる変化がおこる、とかれは説明したのです。

この説明は、パルメニデスの大原則を認めながら、しかも自然現象の変化をちゃんと認めることができるという点で、実にうまい説明です。そしてこの考え方は、この時代から今日の化学の考え方にまで一貫している一つの考え方です。今日の化学では、元素《げんそ》の数こそ、エムペドクレスのように四つではなく、約一〇〇にまでふえていますが、それぞれの元素を不変のものとし、これらの元素の化合《かごう》と分解《ぶんかい》（すなわち、結合と分離）によって、あらゆる物質の化学的変化が説明されています。（元素の変化という考えは、原子物理学によって導《みちび》きいれられた考えであって、本来の化学にはなかった考えです。だから、化学の考え方では、元素は不変のものとされている、といってよいのです。）エムペドクレスの考えと、化学の考え方とは基本的に同じであり、エムペドクレスの多元論は化学的な考え方のもとをきずいたものだ、といってよいのであります。

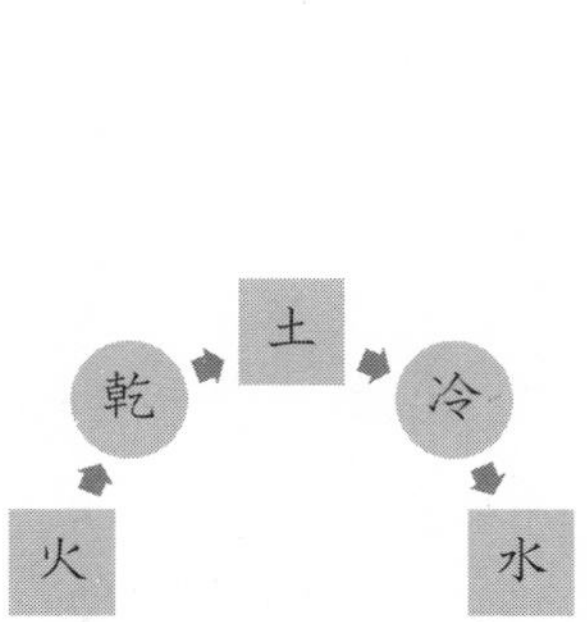

〔図1〕

この文章を読んだときに、高校時代の化学の授業で、「水兵リーベ僕の船名前あるシップスクラークか……」と元素の周期表をおまじないのように唱えたり、化学式や反応式を暗記しようとしては力尽きていた悪夢や、突然の実験による「え?」だらけのついていくだけで精一杯の授業を思い出しました。

ところで、『学城』第十三号で、万物は自然的物と生命的物の二つに分けられるということを学びましたが、自然的物である元素も『からだの中の元素の旅』（吉里勝利　講談社）にあるように、微量ながらも生命的物の中にも存在はしています。

当時エムペドクレスさんは、現代ほどに高度な実験設備もないわけですから微細な研究ができるわけもなく、そのようなことも知る由もなかったはずなのですが、彼は物質の化合と分解を「愛（ピリアー）」と「憎（ネイコス）」の関係であるとしていたので、自然的物である元素と生命的物のうち人間的な部分をもみて一生懸命つなげようと考えていたのかなと興味深く感じいりました。

　そこで、その部分について書かれているところを、『唯物論の歴史』より引用したいと思います。そして、それを自分でイメージしてみたのが〔図2〕になります。

　つぎにエムペドクレスは、四種類の根本物質の結合・分離はなぜおこるか、を説明しようとして、「愛」と「憎」について述べています。異なった種類の根本物質は「愛」によってたがいに結びつけられていたが、そこに「憎」がしのびこんでくることによって分離し、「愛」によってふたたび別の結合がおこる、等々と。この説明をみると、「愛」と「憎」というのは、根本物質をたがいに結びつけたり分けへだてたりする「力」であるように思われます。たしかにそうみられる説明をしているのですが、しかしまた、エムペドクレス自身が「物質」と「力」をはっきり区別していたかどうかは疑問です。というのは、かれのことばとして伝わるもののなかに、「火と水と土と、いと高きにある空気。つぎに、これらとは離れて、しかし、その重さではこれらと等しいおそるべき憎しみ。および、これらの中間にあり、その長さと幅とでこれらと等しい愛」というのがあり、これでみると、「憎」も「愛」も、重さや長さと幅をもつものとされていて、根本物質と同列に扱われているからです。

　エムペドクレスさんの四元素のような考え方は、古代インドや中国にもあったような気がしますし、現代の化学からみれば細かくは間違っているところはあるとは思いますが、万物の元（大本）となるあるものがあ

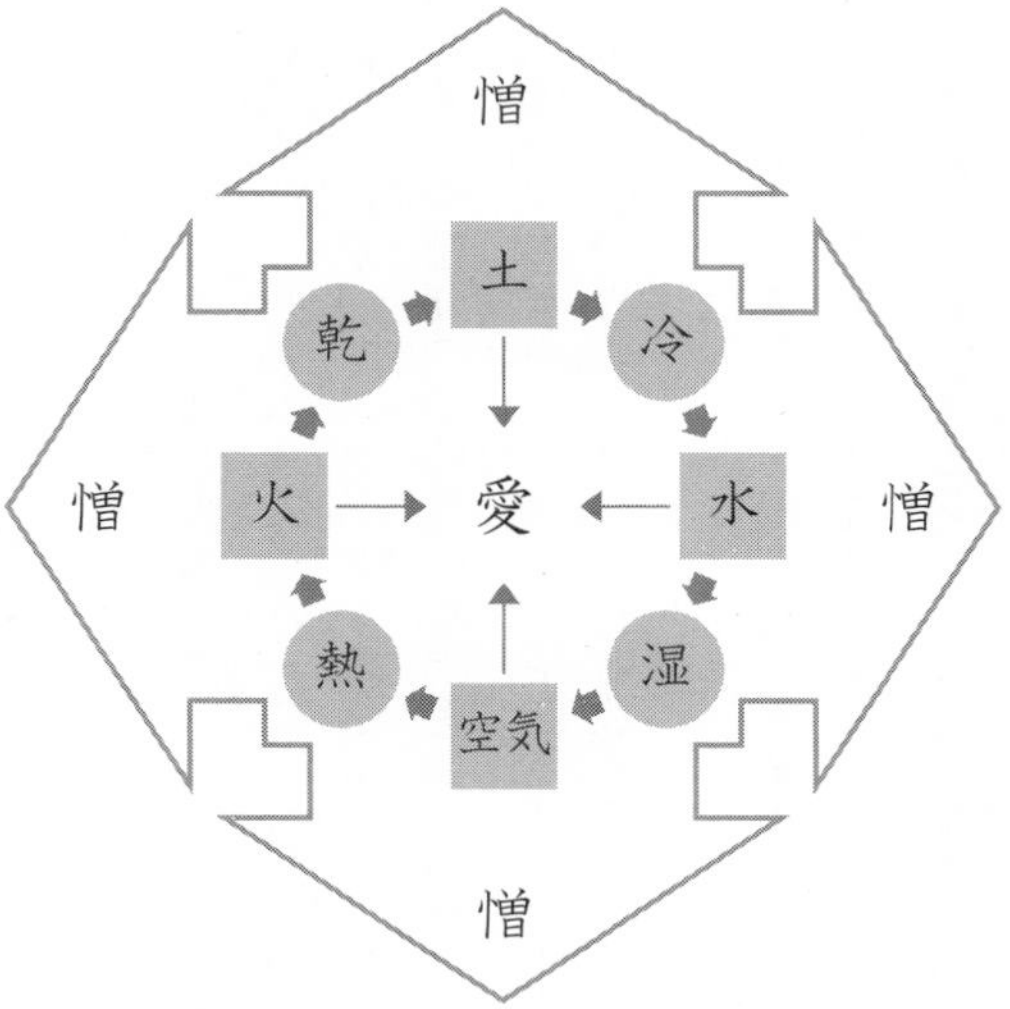

〔図2〕

り、それが変化をするということではなく、変化をしていない元素の存在があり、それが結合と分離をして変化しているように見えるのだとするというところでイオニア派とエレア派の対立物の統一をなしえたところは、「よくぞ考えられたな……凄い、凄い」と思いました。

（三）

つぎに、エムペドクレスさん自身がどのような人物だったのか、まず『哲学人名辞典』（相原信作著　弘文堂）を見てみることにしました。

エムペドクレス　Empedkles　前４９０頃‐４３０頃
ギリシアの哲学者。シシリアのアクラガスに生る。自然学者、医者、詩人、預言者、奇跡を行ふ人として尊敬せらる。肉体を残さずに死して人々をして神と思はせるべくエトナ火山に投身したが、皮肉にもサンダルを見出されたと伝へらる。不滅の有として、分割することはできるが独立し互ひに他から導出されぬ永遠の四元素（土、水、空気、火）を立て、万物を愛（結合）と憎（分離）の二力による四元素の集散で説明した。著作『自然について』

これを読んだとき、「何故火山に飛び込む？　サンダルを脱いで自殺⁉　私は神だ、見なさい！　とばかりに、勢いで飛び込んでしまったのか？」と、なんとも謎めいた思いに少しとらわれましたが、ここではそれは棚上げすることにして、エムペドクレスさんも、これまでの人と同じく、やはりこの時代の哲学者といわれている人はみな光輝ある家の出で、地位が高く裕福で貴族的な生活を送ることができる人ばかりだと改めて感じることになりました。

エムペドクレスさんも民主党の領袖《リョウシュウ》として政治活動をし、生物学者で医者で詩人で宗教家（新しい宗教の宣伝者）でもあったのですから、とても万能でカリスマ性のある人だったのだと思います。ですが、大政治家だったパルメニデスさんにくらべると、この方は政治に無関係ないし無関心で、一研究者として人生を過ごしたのかな、その人生の違いからくる考え方の違いなのか……という印象を大きくうけることになりました。

以上の歴史的をふまえての、以下私の述懐です。

これは常々指導をしていて、とても感じることがあるのです。それは、単に指導を受けることを常態としている立場の人と、実際に人の上に立つのが常態である場合の人とでは、たとえ同じような状況下にあっても、その状況に対する主体的な問いかけはもちろんのこと、他のすべての物事への問いかけ方が全く異なるといってもよいくらい違うのです。

これも当然のことですが、人の上に立つだけでなく、統括をする立場に立つ人とではもっと物事の反映の仕方が異なってきます。

ここはその通りですので、立場が人を創るといえることからも、この人を指導者にしたいと目をつけた人には「実力があるなし云々」を論じる前に、まず、一、二度くらいはその立場に立たせてみるとか、地位を与えるという冒険をしてみることが大事になってくることもしきりと感じています。

しかしもっと残念なことは、最近指導をしていると、そもそも人の上に立ちたいと思う人の方が少ないようで、なんとも寂しく感じられてなりません。

『ギリシア哲学者列伝（下）』（ディオゲネス・ラエルティオス著　加来彰俊訳　岩波文庫）では、かれのさまざまな人柄をうかがえるところがありましたので、いくつか抜粋したいと思います。

だが、アルキダマスは『自然学』のなかで、ゼノンとエンペドクレスとは同じ時期にパルメニデスの弟子であったが、その後、彼らはパルメニデスの下を離れて、そしてゼノンの方は自分の流儀で哲学をしたが、エンペドクレスはアナクサゴラスやピュタゴラスの弟子としてとどまったのだと述べている。

そしてエンペドクレスは、後者（ピュタゴラス）については、その人の生き方や態度に見られる威厳を、また前者（アナクサゴラス）については、その人の自然研究を熱心に見倣おうとしていたと記している。

なお、アリストテレスは『ソフィスト』のなかで、エンペドクレスは弁論術の、そしてゼノンは問答法の、最初の発見者であると述べている。

また、このコルギアスは、サテュロスによれば、エンペドクレスが魔術を行っていたところに、自分自身も居合わせていたと語っていたという。いや、それだけではなく、エンペドクレス自身が、自作の詩のなかで、魔術にも、その他もっと多くの事柄にも、自分は精通しているのだと公言していたとのことである。

すなわち、その女は呼吸もせず、脈も打っていなかっ

たのに、彼（エンペドクレス）はその身体を三十日間維持してやったのだと。それゆえにまたヘラクレイデスは、彼は医者であるばかりか、占い師でもあると言ったのである……

また、アリストテレスも次のように述べている。すなわち、彼は自由人であり、いかなる権力とも無縁な人であったが、このことは、クサントスがエンペドクレスに関する書物のなかで述べているように、彼がもし自分に提供された王の位を断ったのだとすると、そのとおりであって、彼は明らかに簡素な生活の方をよりよしとしていたのだと。

……エンペドクレスは、悲劇調の大仰な言辞を弄したり、威厳にみちた衣服を身にまとったりして、アナクシマンドロスと張り合っていた……セリノスの人たちが、近くの河から立ち昇った悪臭が原因で疫病に襲われて、そのために町の住民自身も命を失い、女たちも難産で苦しんでいたとき、エンペドクレスは私財を投じて、近くの二つの河をもその河へ流れこませることを考えついた。

……メトンの死後、（アクラガスには）僭主制の萌芽がきざし始めたので、そこでエンペドクレスは、アクラガスの市民たちに内部抗争をやめて、市民の政治的平等をはかるように説得したのだ、と。

さらにまた、彼には財産があったから、婚資のもたない町の娘の多くの者に婚資を贈与してやった……彼が深紅の衣服を身にまとい、腰には黄金のベルトを締めていたのも、そういった財産があったからのことである。

なおまた、彼は青銅製の履物をはき、デルポイ風の（月桂樹の）冠をかぶっていた。そして彼の髪はふさふさとしていたし、彼の後には子供たちがつき従っていた。また、彼自身はつねにきびしい顔つきをしていて、その表情を少しも変えることはなかった。

さて、こういった姿で彼は人びとの前を歩いていたのであるが、市民たちは彼に出会うと、その姿のなかに、いわば王者のしるしのようなものを認めたのであった。

文中には他にも、エムペドクレスさんの癒してくれる言葉を聞きたがっている……などとありましたので、よほどエムペドクレスさんは、その出自・出立がよく、いい声であったり、話し方がお上手だったのかなと思いました。

実際に、エムペドクレスさんの弟子には、ゴルギアスさんというプラトンさんの『ゴルギアス』に登場するソフィストがいますが、この方は後世の人に大きく影響を与えるほどの人物であったようです。

エムペドクレスさんの自然観は非常に唯物論的ではあったものの、魔術や、生存中に肉体にあり死後天界に帰っていく霊魂の存在を認めていたところもあったようです。

物の存在を証明することに関していえば、かれはクシプシドラ（水時計）に空気を入れて水中にて水が入ってこないことから空気の存在を証明したそうですが、触れることができないものでも小学生的な遊びの実験みたいなレベルではあっても「ある」と証明したのだから、夢の中などでも死んだ人が実際存在しているかのように見えたり、自分の言葉かけで病気が治ったりするのだから魔術や霊魂も存在すると思ってもおかしくないなと思いました。

話は変わり、エムペドクレスさんと近代とのつながりで分かったことがあったのです。フリードリヒ・ヘルダーリーンさんというドイツでは最高の詩人のひとりであり思想家であるといわれている人が「エムペドクレス」という戯曲をつくっていました。また、ヘルダーリーンさんは他にも『ヒュペーリオン』という小説を書いたりしていたそうですが、テュービンゲン大学神学科に在学中、ヘーゲルさん、シェリングさんと親交があった人のようです。

この人は三十歳で精神に異常をきたしたそうですが、エムペドクレスさんの火山への飛び込み死と、どこか重なりつつも、この方もニーチェさんや三島由紀夫さんなど後世の多くの人に影響を与えたので、ギリシアから現代までの心というか精神的なつながりを大きく感じさせられることにもなりました。

（続）

（引用文は、読みやすくするため、いくつか改行している）

17 『新・弁証法・認識論への道』（『全集』第二巻）を読む（再録）

本田克也

史上初めて、武道と弁証法・認識論を学問として確立した南郷継正の『南郷継正 武道哲学 著作・講義全集』（以下『全集』とする）第二巻が刊行された。ここに説かれた「弁証法とは何か、その歴史とは？」、そしてその解明を可能にした著者の歩みの偉大性を説いてみたい。

二〇〇三年十一月、南郷継正の著になる『新・弁証法・認識論への道』が刊行された。これは、すでに前年の十二月から配本されている、『全集』の第二冊目の刊行になる書である。

南郷継正といえば、一九七二年に刊行された『武道の理論』の出版以来、およそ学問とは無縁の分野として捉えられてきた武道に科学的弁証法を駆使して、歴史上初めて、武道を科学として確立することに成功した偉大なる学者として知られてきたが、この『武道の理論』の発刊はすでに三十年以上も前のことになる。

まったく私事になるが、私は、とある一流国立大学にて心理学を専攻していた学生時代に、『武道の理論』の続刊になる『武道の復権』に初めて出会った。

そこでは、驚くべきことに武道に関するありとあらゆる問題にとどまらず、当時の学界で最先端の研究を行っていた、いかなる心理学教官にもまったく説けなかった、「無心と有心」「極意と悟り」「技の変化と崩れ」などの、認識論・技術論における歴史上の難問が、あたかも快刀乱麻を断つごとくに解明されていたのである。

そしてこのようなことができる著者、すなわち南郷継正の実力に感嘆するとともに、このようなことを可能にすると説かれていた「弁証法」と、この「弁証法」によって初めて解明された、「技には創出と使用の二重性がある」という世界的な発見への憧憬を、自らの人生の理想に出会えたという熱い思いとともに、今でも鮮やかに思い出すことができるのである。

そして二十一世紀を迎えた今日に至るまで三十年以上の長きにわたって、南郷継正が次々に発表してきた多くの著述や論述を見ると、ただの一つとて、同じレベルにとどまるものはなく、「これは本当に同じ著者の手になるものか」とも思えるほどの発展がそこにある。このことを驚異に感じてきたのは、果たして私だけだったであろうか。

具体的には、『武道の理論』『武道の復権』『武道とは何か』『武道への道』『武道修業の道』『空手道綱要』、さらにはすでに四巻が刊行された武道講義シリーズ『武道と認識の理論（Ⅰ〜Ⅲ）』『武道と弁証法の理論』、そしてその他の著書や雑誌に掲載された多数の論文、さらには現在、『季刊・綜合看護』（現代社）に連載中の「なんごうつぐまさが説く看護学科・心理学科学生への〝夢〟講義」に至るまでの著作および論文を参照していただければわかることではあるが、武道論に必須の技術論・認識論にとどまらず、全学問分野の研鑽をふまえて、論理学から哲学の大綱と大道を構築し続けてきた歩みがみてとれる。

どういうことかといえば、歴史的な大学者、たとえばアリストテレスやカント、ヘーゲル等が志向していたところの「哲学への道」に到達するための鍵がそこに記されているのでは、と期待しても決して裏切られることはないほどの学問の構築のプロセスがそこに展開されているのである。そしてここで見落とすことができないのは、南郷継正のいかなる書のいかなる論述にあっても、そこには「弁証法」がしっかりと背後を支える骨格であるかのごとくに、強調し続けてきたことである。

ここで対照的なのは、かの世界的な政治学者として知られる、滝村隆一である。滝村隆一は、かつて「二重権力論」（彼の処女出版である『革命とコンミューン』に所収されている）において、権力の移行過程における過渡期の構造を見事に論じることによって、立派に弁証法を駆使していたにもかかわらず、どういうわけかその後、「弁証法を軽視すれば罰なしにはすまされない」と述べたエンゲルスの言に反逆するかのように、弁証法の有効性を否定していくようになった。たとえば、自らの学的な方法を素描した『国家の本質と起源』（勁草書房、一九八一年）の「序論　唯物史観と国家論の方法」においては、「もちろん、あらゆる事物を生成・発展・消滅の運動過程において捉える弁証法は、扱う対象的事物の自然的・社会的・精神的の如何を問わない、高度の方法的一般性の故に直接役には立たない」と述べた。さらにはそれから十二年後に発表された論文においても、この主張は変更されることなく、次のように記されている。

弁証法や論理学がはじめから、現実には自然的か社会的かあるいは精神的かの何れでしかありえない対象的事象の、内的特質をそっくり捨象したものであることに全く気づかなかった、初学者によくありがちの安易な夢想にすぎない。……だから、あらゆる問題を一挙に解明できるような絶対普遍の学的な方法とやらがあり得るかに考えること自体がバカげているのであって、弁証法や論理学とてその例外ではない。（「マルクス主義の方法的解体」『試行』一九九三年十二月）

このように滝村隆一は、弁証法は社会科学の学的方法としては役に立たないとして、弁証法から意図的に離れていくことになった。しかし、滝村隆一は弁証法を捨てた後、果たしていかなる発見をなしえたであろうか？　果たして、エンゲルスの「予言」をくつがえすことができるような成果を上げたといえるであろうか？　そしてこれは、滝村隆一だけではない。世界的物理学者である坂田昌一、思想家として一世を風靡した清水幾太郎、あるいは「技術論」における世界的な発見をなした武谷三男も、結果として同様の道を辿ったのである、彼らは弁証法と離れてしまった後、何を残しえたというのであろうか。しかしながら、南郷継正だけは弁証法に長く深く関わり続けていったのである。これについては、すでに『武道講義（第一巻）武道と認識の理論Ⅰ』に次のように、しっかりと述べられている。

……この了海（市九郎）が現実として行った、鎖渡《クサリワタ》しの難所たる大岩壁を貫通すべく（引用者注：菊池寛『恩讐の彼方に』参照）、通常の石工が用いる槌《ツチ》とノミだけを岩を掘る道具としてなしとげた、二十一年にも及ぶトンネル掘りの痛ましいまでの難行を、私は弁証法・認識論といった学的大岩壁に穴を開けるべく、主観的に自らを了海に重ねながらの努力として同じくに同じ年月としてもったことでした。

このように、南郷継正は、あたかも自らが弁証法的存在であるかの如くに、長きにわたって深く深く、弁証法と関わり続けてきたことが、その偉大なる「発展」を可能にした秘密かもしれないとも思われてくる。

というのは、南郷継正がそのような歩みをなしえたことの学的な意義は、その成果として『全集』第一巻および第二巻の発刊によって、次第に明らかにされつつある、といえるからである。

ところでこの『全集』においては、その基礎となるのは、もちろんこれまでに出版された南郷継正の過去の著作であるが、通常の全集のようにそれらをただ集めて全集として出版されているわけではない、という「驚くべき事実」が存在していることをまず述べておく必要がある。

それは、過去の著作はすべて、より高い学的観点から書き直され、さらには新たに補完された著述と併合されることによって、『全集』として、新たに再生された中身がここに展開されつつあるということである。

過去にいったいいかなる学者が、これをなしえたであろうか。かの大哲学者ヘーゲルですら、全集として残されている著述は少なくないが、自らの書き下ろしになるのは、『精神現象学』『哲学諸学綱要（小）論理学、自然哲学・精神哲学』』『（大）論理学』『法の哲学』のわずか四編にとどまるのであり、他の著作は、ヘーゲルの死後、弟子たちの手でまとめられた講義集が遺稿集として出版されたものにすぎない。それを思えば、著者自らの手によって、『全集』として再発行されること自体からしてすでに、歴史上、極めて稀な、偉大なる学的業績であることを示すことになるといえよう。

これについては、ヘーゲルに先立つ偉大なる哲学者、カントにあっても同様である。カントは六十九歳の時、彼の著作の全集を自分で刊行する決心を発表したが、それは実現しなかった。結果として、二十世紀になってはじめて、プロシアの「科学アカデミー」から、十八巻の全集が出されたにとどまったのである。

しかし、南郷継正の『全集』は、著者自らが、その全体の構成はもちろん、各巻の構成から一行、一行にまで、透徹するが如くに新たに手が加えられ、著者の総括ならぬ、まるで全体が一つのものとして築城するがごときの全体系への統括がなされているのである。

これは過去に出版された著書と比較してみればただちにわかることである。南郷継正の『全集』は、すでに発刊された第一巻と第二巻に限ってみても、まったく新たな著作であるといえるほどに、大きく改訂されている。それを思えば、全十三巻になることが予告されているこの『全集』がいかなるものとして、われわれの前に姿を現すのか、われわれの予想を遥かに超えた中身になるに違いないという期待が大きく膨らむのである。

たとえば、すでに刊行された第一巻は、「真の学問とは何か」を論じつつ、エンゲルスによって「哲学の全発展を、その体系の中でこの上なくみごとに総括している」（エンゲルス『フォイエルバッハ論』大月書店）と評された、現在までの人類が到達しえた哲学の最高峰ともいうべき、「ヘーゲル」を補完して読みとるための「鍵」を与えてくれる、偉大なる書物であった。そしてすでに『武道講義』第一巻・第二編・第四章「学的認識論から『就任演説』を問う」において予告された「この『講義』も『武道と認識の理論』と謳《ウタ》っている以上は、認識論という名の面目にかけても認識中の最高・最大の文化たる『哲学』の項をやがて説いていくことになります」ということが、ついにこの『全集』で実現しつつあるといえよう。

そんなことが果たして可能なのか？　と思われる読者はぜひ、本誌『学城』第一号に掲載されている「ヘーゲル『精神現象学』にみる、学問の原点」を読んでいただきたいと思う。ここでは、南郷継正の『全集』の第一巻を手がかりに、これまで誰も読みとれなかった、ヘーゲルの処女出版である『精神現象学』で説かれている中身を読みとった成果が見事に論じてあるのであるから。

これでわかるように、『全集』の第一巻は、南郷継正自身が、これまでの学問の歴史を一身に背負いつつ、そこからさらに自ら推し進めてきた「道標」が示されていたがゆえに、ヘーゲル自身がヘーゲル自らを理解できた以上に、ヘーゲルを理解できる中身が述べられていることはしっかりと強調しておきたい。

そして第一巻に続く第二巻となるこの『全集』は、「もしかしたら?」という読者の期待を遥かに超えるかのように、かのヘーゲルをさらに推し進めることによって、人類史上誰もが見ることができなかった、真の学問の世界の扉を開けるための「道」が、第一部から第二部へ向かって諄々と説かれている。これはまったく未知なる、これから来る新しい時代の、学問への曙光ともいうべき、予言に満ちた内容であるといえるだろう。この『全集』第二巻について、まず何よりも最初に指摘しなければならないのは、これこそ白眉ともいうべき内容であるところの、「弁証法」というものの歴史的な発展段階における、その姿形と実態の全貌と、さらにこれはおそらくかのヘーゲルにすら夢想だにしていなかったであろうところの、弁証法の真の完成形態への素描が学問史上初めて描かれている、ということにつきる。

これまで、多くの歴史的な学者、たとえばプラトン、アリストテレス、カント、ヘーゲル、エンゲルス、レーニンそして三浦つとむが種々の側面から弁証法のことをたしかに論じてきてはいた。

たとえば『全集』第二巻にしっかりと引用されているように、プラトンは『国家』において、「哲学的問答法（弁証の術＝弁証の方法）はわれわれにとってもろもろの学問の上にいわば最後の仕上げとなる冠石のように置かれている」と述べてきた。

またアリストテレスは、分析論や命題論において、弁証論について取りあげている。そしてカントは『純粋理性批判』の「先験的論理学」において、「一般論理学を分析論と弁証論とに区分することについて」述べている。

さらにヘーゲルは、『精神現象学　序論』において、「弁証法というものが、証明とは別のものとして取り出されてしまってからは、哲学的証明などという概念は、実はもうなくなってしまったのである」と述べて、弁証法が新たなものへと転成させられたことを表明している。

そしてエンゲルスは、『自然の弁証法』において、ヘーゲルの『(大）論理学』から弁証法を取り出し、対立物の相互浸透・量質転化・否定の否定という形式で、弁証法を三法則化してみせた。さらに、三浦つとむは『弁証法はどういう科学か』において、エンゲルスによって法則化された弁証法を、エンゲルスがほとんど説明していない「対立物の相互浸透の法則」も含めて、やさしく解説してくれたのである。

彼らは、自分なりに弁証法を捉え、その時代における最高のレベルで弁証法を説き、それを弁証法と捉えてきた。しかし、南郷継正の『全集』が出された今となっては、彼らはすべて弁証法にも弁証法性があるということを忘れ、つまり真の弁証法の生々発展を捉えきれなかった結果として、弁証法の歴史性を含んだ全体系を説くことなく、自らが理解しえた弁証法の一部しか説ききれなかった、といえるのではないだろうか。

つまり彼らの説いた弁証法は、まだ真の弁証法ではなかった、というより真の弁証法へ向かう過渡的な姿形しかあらわしていなかった、なぜなら、弁証法は学問としてはまだ完成していなかったから、ということが『全集』第二巻で見事に証明されているのである。

もっといえば、これまでの学問史では「弁証法」というものが「ある」かの如くに捉えられてきたにもかかわらず、南郷継正にあっては「弁証法」それ自体としても創られてきた、すなわち生成発展されてきた、とも思わせられる。

なぜ南郷継正にこれが可能だったのか。それは南郷継正こそは、史上初めて、弁証法の完成形態をつかみ取ったがゆえに、それを創出と直接に完成しえたからであり、そしてその完成形態の高みから、そこへ流れ込む過程としての弁証法の歴史的発展形態を、自らの歩みとして創造できたのであろうからである。これは南郷継正だけが、弁証法の歴史を「自らの実体と頭脳を通して」歩けたからにほかならない。

その鍵となるべき文言をいくつかは指摘しておくべきであろう。たとえば以下である。

「〔古代ギリシャでは〕この、弁証法なるものも、哲学なるものも、ともに姿をたしかに現わしたのは事実ですが、これはその〝姿〟を現わしただけで、その〝形《カタチ》〟を現わしたわけではありません」「次に、その姿をしっかりみてとれた人たちも当然にいたのです。それらの人たちはその姿を、自分が〝みてとった〟とする形に形式化（公式化）することになります」「カントやヘーゲルの弁証法はまるで幽霊のようなものです」「幽霊のような姿形のない弁証法を、誰の目にも、しっかりとみえる姿や形（法則）に仕上げたのが、かのエンゲルス」「学問というものの創出のためには、古代ギリシャ時代に創出された弁証法に加えるに、主にエンゲルスの手によって新しく創出された、『科学としての弁証法』の実力が絶対に必要なのだ、ということに尽きます」（第二部・第二章「学問としての弁証法の歴史を問う」〔弁証法は大きく三回ほど、その姿形を変容しているということ〕参照）

という流れは、これまで「弁証法がある」とされてきた常識を覆し、弁証法がいわば胎児から、乳幼児、そして思春期へと発展していくプロセスを目の当たりにさせてくれるような展開で、まるで推理小説でも読むようなゾクゾクする展開に満ちている。

ここは、説明は難しいが、たしかにギリシャではすべての学者が全世界を対象として研究していたので、当然に、全世界を貫くところの弁証法の姿は見えているけれども、一体、何が弁証法なのかは捉える実力はなかったといえるし、その後の学者は、次第に自分が関わった対象からみてとれる弁証法性に着目してその形をみてとったといえるだろう。そして、ヘーゲルに至っては、弁証法は言葉としてはほとんど見えないにもかかわらず、弁証法が背後をしっかりと支える影のように流れているこ とが「幽霊のようなもの」として表現されているのでは? と考えられる。

そしてヘーゲルの『(大)論理学』から、弁証法を三法則として取り出し、誰の目にも見えるものにしたエンゲルスの功績は確実に図りしれないものがある、といってよいであろう。これによって後世の学者は、エンゲルの「三法則」が弁証法である、と捉えることができるようになったのであるが、しかしながら、ここで忘れてはいけないのは、目に見えるところだけをもって弁証法としてはいけない、ということである。

すなわち弁証法には歴史があり、その生々発展の全プロセスを捉えない限り、弁証法は有効性を発揮しないのでは? ということが、「学問というものの創出のためには、古代ギリシャ時代に創出された弁証法に加えるに、主にエンゲルスの手によって新しく創出された、『科学としての弁証法』の実力が絶対に必要なのだ」という文言に込められているのでは、と思わせられる。

ならば、著者が説くところの真の弁証法とはいかなるものか、についてもう少し説いてほしいという期待が大きく膨らむのであるが、その理解の鍵となるのは、第二部・第四章・第三説「『弁証の方法』から『科学としての弁証法』への発展」、および第一部「一流の人生を志したい人に」にある。この扉を開けた先に何が見えてくるのか、それは今後の著作に期待されるとともに、一九七二年に刊行された『武道の理論』、そして一九九〇年代に刊行された『武道講義』シリーズを核として、南郷継正の全著作を併せ読むことによって、おぼろげながら見えてくるのでは、と大いに期待したいと思う。

この書で展開されている弁証法の歴史は、多くの方々には信じがたいかもしれないが、南郷継正の手によって、歴史上、初めて説かれたことをぜひ強調しておかなければならない。たしかに、哲学史やそれに関わっての弁証法の歴史については、先述したようにヘーゲルや三浦つとむもすでに説いてはいる。

たとえば三浦つとむは『弁証法はどういう科学か』の

「弁証法はどのように発展してきたか」という章の中で、弁証法の歴史について論じている。しかしそれは、南郷継正が説いた中身と比べると、認識の矛盾から外界の矛盾の把握へ、という形で、ヘーゲルの観念論的な弁証法から、エンゲルスの唯物論的な弁証法の発展に的が絞られていて、そういう意味では弁証法の一側面での歴史が説いてあるにとどまっていることがわかる。

ヘーゲルも、『哲学史』の中で、弁証法について触れてはいるものの、それはせいぜいのところ、「弁証の方法」としての弁証法の歴史であり、「学問としての弁証法の歴史」という観点からは、弁証法の歴史が説かれてはいないといえる。ここを、構造論的具体性でもって説いてみせたのは南郷継正が史上初めてであり、したがって、ヘーゲルや三浦つとむの説いてきた中身とは、その論理性が異質とでもいうべきレベルで異なっていることをぜひに学びとってほしいと思う。

ここでもしかしたら大きく誤解されやすいことがある。それは南郷継正だけが「弁証法を真に把握できた」、すなわち本来ある歴史的に存在してきた弁証法の姿形を見てとって文章化した、という皮相な理解であってはならないということである。

なぜなら、「学には登るべき現実の山は登る前にはいささかも存在しない」（南郷継正『武道講義』第一巻「まえがき」）とあるように、彼の言葉を借りれば科学としての弁証法も「そこにあるとされている、弁証法の山に登ることでは断じてなく、それは弁証法の山を築くと直接に、自らがその山に登ることであり、弁証法の山に登ると直接に自らが弁証法の山を築くこと」である、といえるからである。

したがって、南郷継正が弁証法を創出しつつ、その歴史を推し進め、それを完成することによって、初めて弁証法のその姿形が実在となった、しかるがゆえにその論理構造が解けたということであるからである。

これはヘーゲルが『精神現象学 序論』において、おそらくは自らの生涯の目標として掲げたとされる「哲学が現実的な学問になる」（『全集』第一巻参照）ということが、「弁証法」においては、ついに南郷継正によってこそ、実現されたのだといってよいのかもしれない。

それにしても、もしかしたらなお、多くの読者にとっては疑問が残ることがあるかもしれない。

それはなぜ、かの偉大な哲学者と称されているヘーゲルにあってもなしえなかったことが、南郷継正の手によって可能となったのであろうか、という素朴な疑問である。南郷継正はヘーゲルを超える「何か」をどのようにして持ちえたのであろうか。

そんなものがあるとは、とても信じられない、という思いの読者も少なくないかもしれない。しかし、このことも理解する鍵は、南郷継正の過去の著作においてすでに述べ尽くされているというべきであろう。

というのは南郷継正の全著作に説かれているところの、学的研鑽の積み重ねの歴史性を辿り返すことによって、あることが浮かび上がってくるからである。それは、南郷継正は、自らの実体を駆使して、学問をいうなれば実・体として創り上げげられた歴史をふまえて、そこを学問化しているからということである。

すなわち、南郷継正が述べている、その一言一句のすべては、著者の学者および武道家としての研鑽と指導の、数十年を単位とする壮大な実験の精華であって、他人からの借り物や単なる観念上からのみなる創造は一つとしてない、といえるということである。つまり、武道を武道として創出すると直接に、武道を学問化する研鑽が、学問への全過程と、その全構造を現出させたといえるのではないだろうか。

さらに付言するならば、南郷継正は、最初の著作である『武道の理論』「プロローグ」において、ヨゼフ・ディーツゲンの言葉を、自らの歩みでもあるとして引用している、「そして哲学の歴史は、ある意味においては私の一身のうえにくりかえされた」という文言に集約されている通りに、それを生涯の実践として、徹頭徹尾貫き、かつ歩んだことが、他の学者をはるかに超えた高みに到達できた王道であったといえるのではないだろうか。

その通りに、この文言はさらに推し進められていく。引用する。

……この大岸壁をぶち抜く研鑽《ケンサン》が一九八〇年以降七年もの長きにわたったのである。その研鑽というのは、二つの道があり、一つは武道の修業の実体化、端的には宮本武蔵がおそらくは辿ったであろうところの剣の鍛錬の中身の実践であり、これは武者修行という形で実戦隊＝飛翔隊の戦士十数名とともに実践された。いま一つは、哲学的には、アリストテレス・カント・ヘーゲル等が、個別学的にはガレノス・ダーウィン・ベルナール等が辿ったはずの学問への道の構築と学の体系化であり、これはギリシャ時代から現代までの学の再措定という形式で、日本論理学研究会の幹部の諸君とともに学としての実践であった。

かかる、実体の研鑽と、認識＝頭脳の研鑽との二重性を、共に私の弟子であるところの生涯を武道修行に賭ける者と、歴史に残る学の確立を志す者とのエリート同士の、交流かつ独立的な研究の流れの中で把持すること幾年かにして、武道の、そして学の究明が進んでいったことである。

結果、弁証法が単なる弁証法性の構造を把持するだけでなく、その構造の中にさらなる弁証法性の構造があることが、別言すれば、「弁証法の重層構造」が発見できていたのである、そればかりでなく、これもまた結果として認識の研究が進み、認識論が科学的学として措定できるところまでに到達していたことである。（南郷継正『武道講義（第一巻）武道と認識の理論Ⅰ』「まえがき」）

ここに述べられている「かかる、実体の研鑽と、認識＝頭脳の研鑽との二重性」とは、果たして何であろうか、との疑問を持つ人たちが多勢いるはずである。少しだけ小生の見解を述べておく。それは、「文武両道の実践」である。そこをヘーゲルはなしえなかったのであるが、南郷継正はそこをこそ、全人生を賭けてなし遂げたということである。それも弟子を育てながらの実践として持つことによって、学問上の大成果を挙げえたということなのである。これまでの歴史上の学者の誰がここを持ちえたというのであろうか。

これは、わずかに文武両道を己が道として歩いて学の山を築きあげた、アリストテレスのみが持ちえたであろう道であり（南郷継正『武道講義（第四巻）武道と弁証法の理論』序の編「学苑　アテナ・ミネルヴァへの道」参照）、次の一時代を画した歴史的な哲学者であるカントもヘーゲルも、このような実体レベルでの創出過程と直接に学問創出には関わることはなかったのであり、それを、アリストテレス以上の文武両道として、史上初めてなしえたことこそが、南郷継正の学問史上初ともいうべき偉業の達成を可能にしたのでは、といえるかもしれない。

そしてここでは、南郷継正が自らの学問的な対象として選択した「武道」は、実は、自然・社会・精神のすべてが関わることなしには解明できない、人間科学ともいうべき専門分野であったこと（南郷継正『武道の理論』参照）が、結果としてこのような偉大なる哲学への道を開拓することとなったといえるかもしれない。

いったい誰がこれまで、「武道」を学問分野として確立することを、そしてそれが可能であることを証明しえたであろうか。南郷継正以前には誰もいなかったのである。そしてこれはアレクサンドル・デュマ作『モンテ・

クリスト伯』（岩波文庫）のエドモン・ダンテスの牢の中での試練や、青の洞門の了海（菊池寛『恩讐の彼方に』新潮社）が、岩壁を打ち抜いた難行苦行と同様の実践であった（南郷継正『武道講義』第一巻参照）、ということの意味を真剣に捉え返すべきだといえるだろう。

しかるがゆえにこそ、この書を読めば、本当に人類の叡智の最高峰とはいかなるものかを味わう至福に浸ることができるといっても過言ではない。その目次の一行すら、学者が生涯かかっても解明できない中身に満ちているのであるから。

たとえば「第二部・第二章・第一説　学問の体系化の歴史とは　（I）学問の体系化はギリシャのゲルマンの二大分野にあり」という言葉一つにしても、学問を志す人間の心には、琴線に大きく触れるものがある、といっても過言ではないのである。

なぜなら、新たな時代における第三の学問の体系化は、南郷継正が道を拓いてきた、この日本でなされるのを目の当たりにできるのではないか、という期待が確信をもって生まれてくるからである。そういう観点から、弁証法を真の学力にするためにこそ、この書に学びたいと痛感させられる。というのはこの書、そしてこれから刊行される予定の南郷継正の『全集』の全体系の中にこそ、学問形成の歴史の、真の系統発生が完成されるであろうからである。

「個体発生は系統発生を繰り返す」という言葉は、チャールズ・ダーウィンの「進化論」を構造論レベルで法則化することをなし遂げた、ドイツの偉大なる生物学者ヘッケルの説いた偉大なるテーゼであるとされているが、生物学の基本原理ともいうべきこの言葉の意義は、学問レベルでは残念ながらこれまでに説かれたことはない。しかし、『新・弁証法・認識論への道』（『全集』第二巻）の影のテーマは、まさに、学問一般におけるこのことの実現にあるのではないだろうか。

それゆえに、この書は、いかなる専門を志す読者にとっても、自らの専門分野である学問を哲・学・レ・ベ・ルで構築することに向かっての、大きな夢を与えてくれる力に溢れていると思う。

（了）

（以上の小論は、誤字誤植を訂正した）

編集後記

『学城』は今回で二十号となる。それだけに、その記念号ともなるべき本号は、過去をしっかり振り返る、いうなれば「温故知新＝故きを温めて新しきを知る」の格言に親しむ内容になるようにしたい、との編集子の願いで始まった。

創刊当初の二〇〇四年頃を振り返ってみると、学術誌のタイトルをどのようなものにすべきか、編集会議であれこれアタマを絞って考えていたことなどが懐かしく思い出されてくる。さまざまな案が出されたが、「学城」に決まってからは、自分たちの手で「本当に学の王国を築いていくのだ！」との会員たちの覚悟も固まっていったように思う。

『学城』の青写真となるものは、すでに一九九八年に『武道と弁証法の理論』（『武道講義第四巻』にて「学苑アテナ・ミネルヴァ」の目次レベルで示されていた。当時はこんなことが実現できるかどうか、道は果てしないと少々恐怖めいた心持ちとなったことなども「想い出」となってしまった現在だが、ともかくも学問化を少しずつでも現実化すべく、発刊の準備が粛々と始められていったこともこれまた懐かしい想い出の一つである。

さて『学城』第一号は弁証法編とあっただけに、今回の目次を眺められれば一目瞭然のごとく、弁証法性に再三にわたって親しむ号となっている。ハイライトは、第一号に載せた「『新・弁証法・認識論への道』（『全集』第二巻）を読む」を再録したことだと思ってほしい。旧来の読者であっても再読されれば知見の宝庫の中身となるはずである。

それだけにこの『全集』第二巻は、『全集』各巻の中で発売直後といってよい程に、すぐに「品切れ」となっただけでなく、古書店で「ウン万円」の価格となったものであるだけに、多くの読者に「いち早く評価されたその中身についての論評」が大切と思っているから、でもある。

なお、この『全集』第二巻の弁証法の内容はこの書を求めえなかった人に向け、大きく「増補」されて『武道哲学講義』第二巻に収録し、刊行されている。

次に、『学城』の「巻頭言」「編集後記」の初期のものを『学城』の流れを知ってもらう（再度認識してもらう）ためもあって再録することにした。これも、じっくりとかみしめてほしい中身（自画自賛）である。ともかく、かくして第二十号は発刊の運びとなる。

以下は余談ではあるが、面白い出来事を目にした。びっくりしたことに、なんとドイツの「アマゾン」で南郷継正の著書が何種類も売られている（当然、日本語の書のままに）のである。それは、おそらく南郷継正が『哲学・論理学原論〔新世紀編〕』をドイツ国立図書館の要請で寄贈したことで、その図書館の書を目にしたドイツの知識人の誰かが南郷継正の他の著作を求め始めた故なのでは……、と思う。

次号は、志を新たにより発展的な論文を載せていく予定である。読者の方々の心からの応援、支援を一層願っている。

悠季　真理

学　城（学問への道）　第20号

第1刷　2021年1月18日発行

編　集　日本弁証法論理学研究会
発　行　株式会社 現代社
　　　　（東京都新宿区早稲田鶴巻町514）
印　刷　中央印刷株式会社
製　本　誠製本株式会社

ISBN978-4-87474-191-7　C3010

新刊のご案内

哲学・論理学研究〈第二巻〉

――ヘーゲル学完結は「哲学は自然・社会・精神の一般学」である（前）

悠季真理　著

二〇二〇年九月刊／定価　本体２０００円（税別）

哲学を構築していくには自然、社会そして精神の歴史をどのように学んでいけばよいのかをやさしく説く。時代の変革期に求められる、すべての学問領域を見渡せるような哲学力をつけていくための道しるべ。

学問上達論〔基礎編〕第一巻（二〇一五年刊）の続刊。

第一編　哲学構築に向けての自然、社会、精神に関わる学びを説く
第１章　自然科学を構築していくには学的世界観が必須である
第２章　学問一般をふまえて社会科学を構築していくべきである
第３章　世界歴史をふまえてこそ精神の発展の流れが理解可能となる
第二編　古代ギリシャ哲学、その学び方への招待〔後編〕
第１章　オリエントから古代ギリシャへの段階を正しく学ぼう
第２章　ソクラテスレベルからプラトンレベルへの認識論的発展を説く
第３章　プラトンの論理レベルからアリストテレスの論理への発展を視る

現代社の認識論・弁証法 関連図書

改訂版・育児の生理学　瀬江千史
医学の復権　瀬江千史
看護学と医学（上）（下）　瀬江千史
統計学という名の魔法の杖
　本田克也・浅野昌充・神庭純子
看護のための「いのちの歴史」の物語
　本田克也・加藤幸信・浅野昌充・神庭純子
「生命の歴史」誕生の論理学（1）
　浅野昌充・悠季真理
医学原論（上）　瀬江千史
医学教育概論（1）～（6）
　瀬江千史・本田克也・小田康友・菅野幸子
医学教育概論の実践（1）（2）　北條　亮
医療実践方法を論理の学に（1）
　聖瞳子・高遠雅志・九條静・北條亮
看護の生理学（1）～（3）　薄井坦子・瀬江千史
初学者のための『看護覚え書』（1）～（4）神庭純子

なんごうつぐまさが説く看護学科・心理学科学生への
〝夢〟講義（1）～（6）　南郷継正
武道哲学講義（1）～（3）　南郷継正
増補版・武道居合學〔綱要〕　飛龍　田熊叢雪
護身武道空手概論　朝霧華刃・神橘美伽
武道空手學概論〔新世紀編〕
　南郷継正・朝霧華刃・神橘美伽
新・頭脳の科学（上）（下）　瀬江千史・菅野幸子
障害児教育の方法論を問う（1）（2）
　志垣司・北嶋淳
哲学・論理学研究（1）（2）　悠季真理
育児の認識学　海保静子
南郷継正　武道哲学　著作・講義全集
　（1）～（12）　南郷継正
哲学・論理学原論〔新世紀編〕　南郷継正
〔論文集〕学城（1）～（20）
　日本弁証法論理学研究会編